零基础
用AI学编程

人人都能学会的DeepSeek 和Windsurf编程指南

兰翔 钟磊 邹汉川 谢有海 著

图书在版编目（CIP）数据

零基础用 AI 学编程：人人都能学会的 DeepSeek 和 Windsurf 编程指南 / 兰翔等著. -- 北京：机械工业出版社，2025.7. -- ISBN 978-7-111-78970-3

Ⅰ. TP18-62

中国国家版本馆 CIP 数据核字第 20254Y390T 号

机械工业出版社（北京市百万庄大街 22 号　邮政编码 100037）
策划编辑：杨福川　　　　　　　　责任编辑：杨福川　章承林
责任校对：高凯月　张雨霏　景　飞　责任印制：张　博
涿州市京南印刷厂印刷
2025 年 9 月第 1 版第 1 次印刷
170mm×230mm・15.5 印张・266 千字
标准书号：ISBN 978-7-111-78970-3
定价：79.00 元

电话服务　　　　　　　　　网络服务
客服电话：010-88361066　　机 工 官 网：www.cmpbook.com
　　　　　010-88379833　　机 工 官 博：weibo.com/cmp1952
　　　　　010-68326294　　金　书　网：www.golden-book.com
封底无防伪标均为盗版　　　机工教育服务网：www.cmpedu.com

前言

拥抱 AI，与时代共舞——
AI 时代创造者启程指南

时间的年轮在不停地转动，不知不觉我们已经来到了 AI 的时代。

AI，这个曾经只存在于科幻想象中的概念，如今已如空气般弥漫在人们生活的各个角落——从智能手机的语音助手，到精准推送的新闻资讯，再到像 DeepSeek 这样能够与人们深度对话、协助创作的大语言模型。在这个技术飞速迭代的时代，AI 不再是遥不可及的尖端科技，它正在以前所未有的速度渗透、重塑着我们的工作、学习、生活等方方面面，深刻地改变着世界的运行方式。

为何编写本书

在 AI 快速发展的今天，编程不再是专业程序员的专属技能。随着 DeepSeek 等 AI 编程工具的出现，编程的门槛大大降低，广大读者也能通过 AI 快速学习和应用编程技能。本书正是基于这一背景，旨在帮助零编程基础的读者利用 AI 工具学习编程，解决工作和生活中的实际问题。

什么是 AI 编程？AI 编程本质上是一种人机协作的新型学习与开发模式，即通过 AI 工具辅助人们学习编程知识、理解编程概念、生成和优化代码。这种模式让读者能够借助 AI 的能力快速跨越传统编程学习中的技术障碍，将重点放在问题解决和创意实现，而非语法细节和底层实现上。

学习编程，尤其是 AI 编程，本质上是在学习一种新的思维方式和表达语言，一种与智能机器协作、解决问题、创造价值的能力。它不仅关乎效率提升、职业发展，也深刻关联着我们如何理解智能的边界，如何在人机协作的新范式下重新定义人类的价值与可能性。

我们注意到，虽然已经出版了大量编程图书，但大多数图书要么过于专业难懂，要么没有结合 AI 工具的优势。本书结合 DeepSeek 等 AI 工具，专门为没有编程基础的读者提供了一条学习编程的捷径。

本书读者对象

本书主要面向以下读者：

- 零基础但对编程感兴趣的读者。
- 希望通过编程提高工作效率的职场人士。
- 想要了解 AI 如何改变编程方式的读者。
- 对 DeepSeek 等 AI 工具感兴趣的用户。
- 希望快速掌握实用编程技能的学生。

无论你是完全没有编程经验的初学者，还是希望了解 AI 编程新方法的有编程经验的程序员，本书都能为你提供有价值的指导和参考。

本书内容特色

本书具有以下特色：

- 零基础友好：不需要读者有任何编程基础，从最基本的概念讲起。
- AI 辅助学习：全面结合 DeepSeek、Windsurf 等 AI 工具，降低学习难度。
- 实用导向：注重解决实际问题，而非抽象理论。
- 案例丰富：提供大量实际案例，帮助读者理解和应用。
- 循序渐进：内容由浅入深，确保读者能够跟上学习节奏。
- 中文编程友好：特别关注中文环境下的编程需求和问题。

如何阅读本书

本书共 11 章，分为三个部分：

第一部分（第 1～6 章） AI 编程入门

我们从编程环境搭建开始，通过 DeepSeek 学习 Python 的基础知识，包括变量、数据类型、列表操作等，对这些基础概念的学习可为后续的项目开发打下坚实的基础。特别值得一提的是，我们选择了 Windsurf 作为主要开发工具，并借助

DeepSeek 的能力，让学习过程更加智能和高效。

第二部分（第 7～10 章） 项目实战

在掌握了基础知识后，我们开始接触更实用的工具和方法。通过 DeepSeek+Windsurf 开发数据分析报告生成系统和自动化日报生成工具这两个项目，介绍了如何将编程知识应用到实际问题中，并体验了现代开发工具如何提升开发效率。然后，我们挑战了更复杂的开发任务——开发本地事务提醒助手与打造你的第一个网站，还介绍了如何处理实际项目中的各种挑战。

第三部分（第 11 章） 总结与展望

在这部分，我们回顾了本书的学习旅程，总结了 AI 编程的关键收获和方法论。我们探讨了如何持续提升编程技能，分享了对 AI 编程的思考与感悟，并展望了 AI 编程对未来职业技能发展的影响。这部分不仅是对前面内容的回顾，也是读者继续深入学习的指南。

建议按照以下方式阅读本书：

❏ 先通读 AI 编程入门部分，掌握必要的编程概念和 DeepSeek 的使用方法。
❏ 根据自己的兴趣和需求，选择项目实战部分的相关章节进行学习。
❏ 在实践中遇到问题时，参考常见问题与解决思路的相关内容。
❏ 动手实践每个章节的示例代码，并尝试修改和扩展。

记住，编程是一项实践技能，光看不练是无法真正掌握这项技能的。因此，请务必动手实践本书中的示例，多多练习。

致谢

首先，感谢 DeepSeek 团队开发出如此优秀的 AI 工具，为我们学习编程提供了新的可能性。

其次，感谢所有参与本书编写、审校和测试的同事们，你们的专业和热情使本书的出版成为可能。

最后，感谢每一位选择本书作为自己学习 AI 编程的伙伴的读者。希望本书能够帮助你在 AI 时代掌握编程技能，发现编程的乐趣，并解决实际问题。

祝你学习愉快！

目录

前言

第一部分 AI编程入门

第1章 AI时代普通人如何学编程 ………………………… 2
1.1 本章学习目标 ………………… 2
1.2 AI时代普通人为什么要学编程 …………………………… 3
1.3 普通人能用AI编程做什么 … 3
    1.3.1 用AI编程解决工作中的问题 ……………………… 4
    1.3.2 用AI编程提升生活质量 ……………………… 7
1.4 AI编程给普通人带来的新机会 ……………………… 10
1.5 结语 ………………………… 11

第2章 DeepSeek编程指南 ……… 12
2.1 本章学习目标 ……………… 12
2.2 什么是DeepSeek ………… 12
2.3 登录和使用DeepSeek ……… 13
2.4 DeepSeek的核心能力与应用场景 ……………………… 14
    2.4.1 DeepSeek的基础能力 … 15
    2.4.2 DeepSeek的编程能力 … 16
    2.4.3 DeepSeek在AI编程中的应用案例 ………… 19
2.5 DeepSeek提示词 …………… 28
    2.5.1 提示词模板示例 …… 28
    2.5.2 高级提示词技巧 …… 35
2.6 结语 ………………………… 47

第3章 轻松准备你的编程环境 … 48
3.1 本章学习目标 ……………… 48
3.2 开发环境概述 ……………… 49
    3.2.1 什么是开发环境 …… 49
    3.2.2 为什么需要专门配置开发环境 ……………… 49
3.3 开发工具的选择 …………… 51

3.4 工具的安装与使用流程 …… 53
   3.4.1 Windsurf 安装指南 …… 53
   3.4.2 VS Code 安装与基础配置指南 …… 56
3.5 常见问题与解决方案 …… 60
   3.5.1 Windsurf 的常见问题与解决方案 …… 60
   3.5.2 VS Code 的常见问题与解决方案 …… 61
3.6 结语 …… 63

第4章 用DeepSeek学Python 变量和简单数据类型 …… 64

4.1 本章学习目标 …… 64
4.2 Python 解析器 …… 65
   4.2.1 Python 解析器的工作原理 …… 65
   4.2.2 交互式执行与脚本执行 …… 66
   4.2.3 使用 DeepSeek 辅助理解 Python 解析器 …… 67
4.3 变量 …… 69
   4.3.1 变量的命名和使用 …… 69
   4.3.2 使用变量时应避免的命名问题 …… 74
   4.3.3 使用 DeepSeek 解决变量命名问题 …… 75
4.4 字符串 …… 78
   4.4.1 修改字符串的大小写 …… 78
   4.4.2 合并（拼接）字符串 …… 82
   4.4.3 使用制表符或换行符来添加空白 …… 82
   4.4.4 删除空白 …… 83
   4.4.5 字符串的高级用法 …… 84
4.5 数字 …… 90
   4.5.1 整数 …… 90
   4.5.2 浮点数 …… 93
4.6 注释 …… 98
   4.6.1 如何编写注释 …… 98
   4.6.2 编写有效的注释 …… 104
   4.6.3 使用 DeepSeek 辅助编写注释 …… 105
4.7 结语 …… 106

第5章 用DeepSeek学Python 列表 …… 108

5.1 本章学习目标 …… 108
5.2 Python 列表 …… 109
   5.2.1 列表的定义与特点 …… 109
   5.2.2 如何创建列表 …… 110
5.3 修改、添加和删除元素 …… 111
   5.3.1 修改列表元素 …… 111
   5.3.2 在列表中添加元素 …… 111
   5.3.3 从列表中删除元素 …… 113
5.4 Python 列表的高级技巧 …… 114
5.5 通过 DeepSeek 学习 Python 索引 …… 116
   5.5.1 索引的基础概念 …… 116

5.5.2 从 0 开始的 Python 索引 …………………… 117
5.5.3 使用 DeepSeek 解决列表索引错误 ……… 119
5.6 结语 ………………………………… 122

第6章 用DeepSeek学操作列表 …………… 123

6.1 本章学习目标 …………… 123
6.2 遍历整个列表 …………… 124
    6.2.1 深入研究循环 ……… 124
    6.2.2 在 for 循环中执行更多的操作 ………… 127
    6.2.3 在 for 循环结束后执行一些操作 ……… 128
6.3 避免缩进错误 …………… 129
    6.3.1 忘记缩进 …………… 129
    6.3.2 忘记缩进额外的代码行 ……………… 130
    6.3.3 不必要的缩进 ……… 130
    6.3.4 循环后不必要的缩进 ……………… 131
    6.3.5 遗漏了冒号 ………… 131
6.4 创建数值列表 …………… 133
    6.4.1 使用函数 range() …… 133
    6.4.2 使用 range() 创建数字列表 ……………… 135
    6.4.3 对数字列表执行简单的统计计算 …… 135

6.4.4 列表解析 …………… 136
6.5 结语 ………………………………… 137

第二部分 项目实战

第7章 开发数据分析报告生成系统 ………… 140

7.1 本章学习目标 …………… 140
7.2 自动化数据分析的优势 …… 141
7.3 数据分析报告生成系统的功能 ……………………… 142
7.4 具体实现步骤：开发数据分析报告生成系统 …… 143
    7.4.1 第一步：导入数据，让 Windsurf 理解你的 Excel 表格 ………… 143
    7.4.2 第二步：指令下达，命令 Windsurf 创建自动化报告生成程序 … 144
    7.4.3 第三步：测试并要求 AI（Windsurf）优化程序 ……………… 147
    7.4.4 第四步：重新运行程序，获取优化后的完整报告 …………… 148
    7.4.5 第五步：继续优化生成系统的功能 …… 149
7.5 常见问题与解决思路 …… 153
7.6 结语 ………………………………… 156

第8章　开发自动化日报生成工具 …… 158

- 8.1　本章学习目标 …… 159
- 8.2　了解自动化日报生成工具 …… 159
- 8.3　自动化日报生成工具的核心功能 …… 160
  - 8.3.1　基础功能层 …… 160
  - 8.3.2　智能功能层 …… 161
  - 8.3.3　个人管理功能层 …… 162
  - 8.3.4　功能使用建议 …… 162
- 8.4　具体实现步骤：构建你的自动化日报生成工具 …… 163
  - 8.4.1　第一步：设计基础界面 …… 163
  - 8.4.2　第二步：完成界面优化 …… 166
  - 8.4.3　实用开发技巧：与 AI 高效协作 …… 169
- 8.5　常见问题与解决思路 …… 170
- 8.6　结语 …… 172

第9章　开发本地事务提醒助手 …… 174

- 9.1　本章学习目标 …… 175
- 9.2　了解本地事务提醒助手 …… 175
- 9.3　本地事务提醒助手的核心功能 …… 177
  - 9.3.1　提醒创建与管理 …… 177
  - 9.3.2　提醒通知系统 …… 178
  - 9.3.3　重复提醒设置 …… 179
  - 9.3.4　分类与标签系统 …… 179
  - 9.3.5　搜索与筛选功能 …… 180
  - 9.3.6　多视图显示 …… 181
  - 9.3.7　数据管理与安全 …… 181
  - 9.3.8　用户界面与交互 …… 182
- 9.4　具体实现步骤：构建你的本地事务提醒助手 …… 183
  - 9.4.1　第一步：开发之前的准备工作 …… 183
  - 9.4.2　第二步：开始应用开发 …… 183
  - 9.4.3　第三步：实现开发阶段 …… 185
  - 9.4.4　第四步：完善细节阶段 …… 187
- 9.5　常见问题与解决思路 …… 190
- 9.6　结语 …… 195

第10章　打造你的第一个网站 …… 196

- 10.1　本章学习目标 …… 197
- 10.2　了解网站开发基础 …… 198
- 10.3　网站开发的核心功能 …… 200
- 10.4　具体实现步骤：开发你的第一个网站 …… 202
  - 10.4.1　第一步：启动与准备 …… 202
  - 10.4.2　第二步：开始网站开发 …… 202

10.4.3 第三步：网页
优化 …………… 206
10.5 常见问题与解决思路 …… 208
10.6 结语 ……………………… 212

第三部分　总结与展望

第11章　成为AI时代的创造者 … 214

11.1 本书精华总结 …………… 214
  11.1.1 从 0 到 1 的蜕变：
    思维的跃迁 ……… 214
  11.1.2 你已掌握的核心
    能力 ……………… 215
11.2 即刻行动指南：将知识
  转化为力量 ……………… 216
11.3 避免常见陷阱 …………… 217

11.4 未来成长地图：绘制你的
  技能进阶蓝图 …………… 218
11.5 持续发现需求的方法 …… 218
11.6 致未来的创造者：你的
  潜力无限 ………………… 219
  11.6.1 你比想象中更
    强大 ……………… 219
  11.6.2 共同学习，共同
    成长 ……………… 220
11.7 最后的话 ………………… 220
11.8 结语 ……………………… 222

附　录

附录A　提示技术术语汇编 …… 224
附录B　DeepSeek提示词 ……… 232

第一部分　AI 编程入门

本书的第一部分介绍 Python 编程的基础知识，以及如何借助 DeepSeek 等 AI 工具加速学习过程。这些基础概念不仅适用于 Python，也适用于大多数编程语言，将在你的整个编程生涯中发挥重要作用。

第 1 章探讨 AI 时代普通人学习编程的意义和价值，分析 AI 时代普通人为什么要学编程、普通人能用 AI 编程做什么，以及 AI 编程给人们带来了哪些新机会。

第 2 章介绍 DeepSeek 编程指南，首先介绍什么是 DeepSeek、登录和使用 DeepSeek，然后详细介绍 DeepSeek 的核心能力与应用场景，以及使用 DeepSeek 进行交互的高效提示词示例。

第 3 章介绍如何通过 DeepSeek 的指导快速搭建 Python 编程环境，包括开发环境概述、开发环境选择、工具的安装与使用流程，以及常见问题与解决方案，让你快速进入编程实践。

第 4 章讲解如何使用 DeepSeek 学习 Python 变量和简单数据类型，包括 Python 解析器的相关内容、如何在变量中存储信息，以及如何处理字符串和数字等基本数据。

第 5 章和第 6 章介绍如何使用 DeepSeek 学习 Python 列表的相关知识。第 5 章讲解通过 DeepSeek 学习列表的基本概念和操作，第 6 章则深入探讨如何使用 DeepSeek 高效操作列表。

通过本部分的学习，你将掌握使用 DeepSeek 学习 Python 编程的基础知识的方法，并学会如何借助 AI 工具提高学习效率和编程能力，为后续的项目实践奠定坚实基础。

第 1 章 | CHAPTER

AI 时代普通人如何学编程

在本章中，你将探索 AI 时代为什么普通人也能且应该学习编程。你将了解编程如何从专业程序员的专属技能转变为每个人都可以掌握的实用工具。你将通过具体的实例了解编程如何解决工作和生活中的实际问题，实现从数据处理到工作流程自动化。

本章还将介绍 DeepSeek 等 AI 工具如何改变编程学习方式，降低学习门槛，帮助你避开传统学习中的痛点。你将发现，AI 时代不仅带来了编程学习方式的变革，还创造了全新的职业机会。完成本章的学习后，你将建立对编程的正确认识，为后续章节的学习做好准备。

1.1 本章学习目标

本章旨在帮助读者理解在 AI 时代学习编程的重要性。通过阅读本章，你将了解：

- 为什么在 AI 时代普通人也应该掌握基本的编程技能。
- 普通人可以通过编程解决哪些实际问题。
- AI 工具如何降低编程学习门槛，为普通人带来新机会。

1.2 AI 时代普通人为什么要学编程

过去，编程常被视为专业程序员的技能，普通人往往认为它是一个高门槛、难以掌握的领域。然而，随着人工智能技术的快速发展，特别是像 DeepSeek 这样的 AI 工具的出现，编程的门槛已经大幅降低，学习编程变得前所未有的简单。

（1）数字化转型下的必备技能

当今世界，几乎所有行业都在被数字技术重塑：

- 传统制造业引入智能工厂和数据分析。
- 零售业转向电子商务和个性化推荐。
- 医疗行业应用 AI 辅助诊断和远程医疗。
- 教育领域发展在线学习和自适应教学系统。

在这样的背景下，具备基本的编程思维和技能已经不再是"锦上添花"，而是在职场中保持竞争力的"必备武器"。

（2）提升个人效率与解决问题的能力

编程本质上是一种解决问题的工具。学习编程能够：

- 培养结构化思维和逻辑分析能力。
- 提高工作效率，自动化重复性任务。
- 增强数据分析和决策能力。
- 获得创造数字工具的能力，解决特定问题。

（3）AI 时代的学习优势

与以往不同，在 AI 时代学习编程具有显著优势：

- AI 助手（如 DeepSeek）可以提供实时指导和代码建议。
- 大量高质量的学习资源免费可得。
- 编程语言和工具变得更加友好和易用。
- 社区支持更加完善，问题解决更加便捷。

在 AI 的辅助下，普通人可以跳过许多传统学习中的痛点，更快地掌握实用技能，并用其解决实际问题。

1.3 普通人能用 AI 编程做什么

随着技术的发展，编程已经不再是专业开发者的独有技能。如今，普通人也能通过编程，尤其是借助 AI 技术，轻松解决工作以及生活中的问题，创造出令人惊叹的成果。

1.3.1 用 AI 编程解决工作中的问题

还记得那位来自温州、没有编程背景的小伙陈云飞吗？他仅仅花了 1 小时，就利用 AI 创造了一款名为"小猫补光灯"的 App。这款看似简单的应用，不仅迅速获得了超过 3 万的下载量，还一度冲上 AppStore 分类榜 Top 20。更令人惊叹的是，仅半个月后，他迭代推出的"小猫补光灯 Pro"版本更是登顶了 AppStore 收费应用总榜第一名。

这就是 AI 编程的魔力——它赋予了普通人将想法快速转化为现实产品的惊人能力。

1. 用编程高效处理数据报表

小林是某互联网公司的运营专员，每周需要手动合并 5 个不同部门、不同格式的 GMV（商品交易总额）数据报表。仅整理报告所需的数据就要耗费 3 天，制作 PPT 又要 2 天。

现在他只需要编写一段提示词发给 DeepSeek，DeepSeek 就可以构建一个自动化脚本，自动抓取各平台数据，进行清洗、合并等操作，并直接生成可视化图表和报告初稿。

DeepSeek 提示词示例：

> 编写一个 AI 脚本，解决数据合并与报告生成的难题：每周自动抓取、清洗、合并 5 个不同部门、不同格式的 GMV 报表，并生成可视化图表与报告初稿。

DeepSeek 生成设计方案示例：

> 总结：AI 数据合并与报告生成系统
> **一、核心功能**
> ☐ 自动数据抓取：从 5 个不同部门收集不同格式（Excel/CSV）的 GMV 报表。
> ☐ 智能清洗与转换：处理缺失值、去重、标准化数据（如日期、产品 ID）。
> ☐ 自动合并：整合多部门数据，确保一致性。
> ☐ 可视化分析：生成关键图表（收入占比、Top 产品、趋势线、热力图）。
> ☐ 报告生成：自动输出结构化 PDF 报告（含摘要、图表、数据表）。
> ☐ 邮件通知：自动发送报告给相关人员。
> **二、代码架构**
> ……（此处省略具体内容，读者可利用提示词自行尝试并查看）
> 2.1 数据分析（自动计算关键指标）
> ……（此处省略具体内容，读者可利用提示词自行尝试并查看）
> 2.2 报告生成（PDF + 可视化）
> ……（此处省略具体内容，读者可利用提示词自行尝试并查看）
> 2.3 自动化执行
> ……（此处省略具体内容，读者可利用提示词自行尝试并查看）
> **三、技术亮点**
> ……（此处省略具体内容，读者可利用提示词自行尝试并查看）

效果总结：

即使是一个相对简单的 AI 程序或自动化脚本，也能为你节省下数小时甚至数天宝贵的工作时间，让你从烦琐重复的劳动中解放出来，专注于更具创造性和更高价值的工作。

2. 用编程批量处理发票

张姐是某连锁餐饮店的财务，每天需要处理 200 多张各式各样的发票。其中，大约 35% 的时间用于扫描和识别票据信息，40% 的时间用于手动核对数据。

现在她只需要编写一段提示词，让 DeepSeek 开发一个工具，通过拍照自动识别发票的关键信息（抬头、金额、税号等），并自动生成会计凭证或直接录入系统的详细的系统设计方案。然后将设计方案放在代码编辑工具（如 VS Code 或者 Windsurf）里，执行后便可以得到一个自动化系统。

DeepSeek 提示词示例：

> 构建一个 AI 工具，实现发票信息的自动化识别与凭证生成：通过拍照自动提取发票抬头、金额、税号等关键信息，并自动生成会计凭证或直接录入系统，解放财务人员，提高效率。

DeepSeek 生成设计方案示例：

> 发票信息自动化识别与凭证生成系统设计方案
>
> **一、系统概述**
>
> 该 AI 工具旨在通过 OCR[①] 技术和机器学习算法，自动识别发票中的关键信息，并生成会计凭证或直接录入财务系统，大幅提升财务工作效率。
>
> **二、核心功能模块**
>
> 发票图像采集模块
>
> ……（此处省略具体内容，读者可利用提示词自行尝试并查看）
>
> 智能 OCR 模块
>
> ……（此处省略具体内容，读者可利用提示词自行尝试并查看）
>
> 智能校验模块
>
> ……（此处省略具体内容，读者可利用提示词自行尝试并查看）
>
> 凭证自动生成模块
>
> ……（此处省略具体内容，读者可利用提示词自行尝试并查看）
>
> 系统对接模块
>
> ……（此处省略具体内容，读者可利用提示词自行尝试并查看）
>
> **三、预期效益**
>
> ❑ 效率提升：单张发票处理时间从 5～10 分钟缩短至 30 秒内。
>
> ❑ 准确性提高：识别准确率达 98% 以上，减少人为错误。
>
> ❑ 成本节约：减少 60% 以上的基础财务工作人力成本。
>
> ❑ 数据价值：积累结构化财务数据，支持后续分析决策。
>
> 这个系统将显著提升企业财务处理效率，让财务人员从事具有更高价值的工作，同时提高财务数据的准确性和及时性。

[①] OCR 为光学字符识别。——编辑注

效果总结：

通过 DeepSeek 生成的自动化系统，即使是一个相对简单的 AI 解决方案，也能显著节省处理发票的时间，让你摆脱烦琐重复的任务，将精力投入到更具创造性和更高价值的工作中。

3. 用编程实现智能客户沟通

王哥是一位医疗器械销售主管，他的客户咨询信息分散在微信、钉钉、短信等多个渠道，信息零散，常常导致回复遗漏或跟进不及时。

利用 DeepSeek，王哥可以着手构建一个智能客户沟通管理系统，实现如下功能：

- 聚合信息：自动将来自不同沟通渠道的消息汇集到一个统一平台。
- 智能摘要：利用 NLP（自然语言处理）技术自动提取客户咨询的关键信息和需求要点，生成摘要。
- 节点提醒：根据沟通内容和预设规则，在关键时间节点（如报价后、样品寄出后）自动提醒王哥进行跟进。

DeepSeek 提示词示例：

> 构建一个智能客户沟通管理系统，解决信息分散、回复遗漏的问题：自动汇集来自微信、钉钉、短信等渠道的信息，利用 NLP 技术提取关键信息和需求要点，并根据沟通内容自动生成提醒，对关键信息节点进行跟进。

DeepSeek 生成设计方案示例：

```
智能客户沟通管理系统设计方案
一、系统概述
   该智能客户沟通管理系统旨在整合多渠道客户沟通信息，通过自然语言处理技术自动提取关键信息，智能分析客户需求，并提供跟进提醒功能，解决企业客户信息分散、回复遗漏等问题。
二、核心功能模块
多渠道信息集成模块
……（此处省略具体内容，读者可利用提示词自行尝试并查看）
智能信息处理引擎
……（此处省略具体内容，读者可利用提示词自行尝试并查看）
智能工单与任务管理
……（此处省略具体内容，读者可利用提示词自行尝试并查看）
智能提醒与跟进系统
……（此处省略具体内容，读者可利用提示词自行尝试并查看）
客户画像与知识
……（此处省略具体内容，读者可利用提示词自行尝试并查看）
三、预期效益
□ 效率提升：客户响应时间缩短 70%。
□ 遗漏减少：关键节点跟进提醒覆盖率 100%。
□ 体验改善：客户满意度提升 30%。
□ 管理透明：全渠道沟通记录统一可查。
```

> 该系统将彻底改变企业碎片化的客户沟通现状，实现智能化、系统化的客户交互管理，提升客户满意度和团队协作效率。

效果总结：

AI 编程的核心优势之一在于，它能够显著降低原本需要大量人力才能完成的任务的人力成本（或时间成本）。这种成本优势不仅体现在直接的人力投入减少上，还体现在工作效率提升、错误率降低和资源优化分配方面。

1.3.2　用 AI 编程提升生活质量

1. 个人生活智能化

掌握 AI 编程，意味着你拥有了为自己量身定制智能生活解决方案的能力，让科技真正服务于你的生活。以下是一些常见的场景。

- 智能家居控制系统：构建个性化的控制逻辑，联动不同品牌的智能设备，实现更符合你的生活习惯的自动化场景（如清晨自动拉开窗帘、播放音乐、离家自动关闭电器）。
- 个人财务管理工具：开发自动记账、预算规划、投资组合分析等工具，提供更贴合你的消费习惯和理财目标的智能建议。
- 健康监测与提醒助手：结合可穿戴设备数据或手动输入数据，创建个性化的健康追踪、异常预警、用药提醒或运动建议系统。

以下是一个用 DeepSeek 开发自动记账应用的示例。

DeepSeek 提示词示例：

> 请为我生成一个 Python 自动记账工具的完整开发方案，该工具需要具备以下功能：
> - 自动数据导入：从银行短信、电子邮件或支付平台（如支付宝、微信、PayPal）解析交易信息，并录入数据库。
> - 消费分类与标签：基于交易关键词，自动对收入和支出进行分类（如餐饮、购物、交通、娱乐）。
> - 预算与提醒机制：根据用户设定的预算，实时监控支出，并在接近预算时发送提醒。
> - 消费趋势与数据可视化：通过 matplotlib/Plotly 绘制月度、季度和年度的消费趋势分析图。
> - 投资组合跟踪：集成股票、基金等 API[①]，自动更新资产数据并生成投资收益报告。
>
> 技术要求：
> - 使用 pandas 处理数据，支持 CSV/Excel 文件导入与导出。
> - 数据存储使用 SQLite 或 MongoDB，支持用户自定义备份。
> - 具备异常检测功能（如高额支出、重复交易），并发送短信/邮件通知。
> - 请生成详细的系统架构、代码实现方案，并附上相关依赖库的安装说明。

---

① API 为应用程序接口。——编辑注

DeepSeek 生成结果精简示例：

```
Python 自动记账工具方案
一、核心功能
☐ 交易记录自动导入（短信/邮件/API）
☐ 智能分类消费类型
☐ 预算监控与提醒
☐ 消费数据可视化
☐ 投资组合跟踪
二、关键代码实现
数据模型 (models.py)
……（此处省略具体内容，读者可利用提示词自行尝试并查看）
数据库操作 (db.py)
……（此处省略具体内容，读者可利用提示词自行尝试并查看）
智能分类 (classifier.py)
……（此处省略具体内容，读者可利用提示词自行尝试并查看）
预算监控 (budget.py)
……（此处省略具体内容，读者可利用提示词自行尝试并查看）
主程序 (main.py)
……（此处省略具体内容，读者可利用提示词自行尝试并查看）
三、使用示例
1. 添加交易
process_transaction(50.0, "星巴克咖啡", "2023-10-01")
2. 查看消费
transactions = db.get_transactions()
扩展建议
☐ 增加邮件/短信解析模块
☐ 添加可视化图表功能
☐ 支持投资数据跟踪
说明：这个精简方案保留了核心记账功能，代码量减少约70%，同时保持了良好的扩展性。
```

2. 解决日常问题

AI 编程并非总是关乎高深的科技，它同样能有效解决我们身边具体、琐碎但耗时的日常问题。

以街道办文员周姐为例，她每天可能面临大量的文书工作。

- 手动录入：将大量的纸质或手写通知、表格转录为电子文档。
- 数据汇总：从各个社区收集格式不一的防疫数据或其他报表，手动进行汇总和统计。
- 报告撰写：定期整理材料，撰写季度工作总结或汇报。

通过学习和应用 AI 编程，周姐可以逐步构建一个智能公文助手，从而实现以下功能：

- 格式检查：利用 OCR 和规则引擎，自动检查红头文件、公文的格式规范性。

- 要点提取：使用 NLP 技术，智能提取领导讲话、会议纪要的核心要点，快速生成摘要。
- 快速检索：对历史文档进行智能索引，实现对大量电子文档内容的秒级检索，快速找到所需信息。

现在可以利用 DeepSeek 来开发一个小工具，用于解决周姐的问题。

DeepSeek 提示词示例：

> 请为我生成一个 Python 智能公文助手，实现 OCR、公文格式检查、NLP 摘要生成、智能检索与分类等功能，提高公文处理效率，支持多种格式与数据自动化分析。

DeepSeek 生成结果示例：

> Python 智能公文助手精简方案
> **一、核心功能**
> - 格式检查：OCR+ 规则引擎验证公文格式
> - 内容分析：NLP 提取要点 + 生成摘要
> - 智能检索：向量数据库实现语义搜索
> - 数据统计：自动汇总报表数据
>
> **二、关键代码实现**
> 1.OCR 处理（PaddleOCR）
> ……（此处省略具体内容，读者可利用提示词自行尝试并查看）
> 2.格式检查
> ……（此处省略具体内容，读者可利用提示词自行尝试并查看）
> 3.摘要生成
> ……（此处省略具体内容，读者可利用提示词自行尝试并查看）
> 4.文档检索
> ……（此处省略具体内容，读者可利用提示词自行尝试并查看）

3. 提升生活体验

通过 AI 编程，你可以将技术融入生活的方方面面，打造更便捷、更智能、更贴合个人需求的未来生活。

（1）智能旅行规划助手

- 根据兴趣、预算和时间，自动规划行程、推荐景点、预订交通住宿。
- 基于旅行风格（探险、文化、美食等）推荐差异化路线。
- 实时监控天气变化、交通延误，智能调整行程。
- 融合当地人评价和小众景点，避开常规旅游陷阱。
- 自动生成数字旅行日记，整合照片、位置和体验记录。

（2）个性化学习计划生成器

- 结合学习目标、现有知识和可用时间，智能生成并调整学习计划与资源推荐。

- 根据学习进度和理解程度，动态调整内容难度和复习频率。
- 识别知识盲点，自动推荐针对性补充材料。
- 分析最佳学习时段，优化学习安排。
- 融合多种学习方式（视频、阅读、实践），匹配个人学习偏好。

（3）饮食与健康管理系统

- 根据健康数据、饮食偏好和运动目标，提供个性化的食谱建议、营养分析和健康追踪。
- 考虑季节性食材和本地可获得性，推荐经济实惠的健康选择。
- 智能调整饮食计划以适应特殊场合（旅行、节日、外出就餐）。
- 将健康数据与饮食习惯关联，发现个人特定的反应模式。
- 预测并提前警示可能的健康问题，提供均衡建议。

1.4 AI 编程给普通人带来的新机会

1. 跨行业的 AI 应用

AI 编程为各行各业带来前所未有的新机会，让每个职业都能拥有个性化的智能助理。

- 市场专员：自主构建精细化的用户画像系统，实现精准营销和客户互动。
- 财务主管：通过简单的语音或文字指令，快速自动生成高质量的月度经营分析报告。
- 教师：使用简单易用的可视化工具，轻松定制个性化的 AI 教学助手，辅助课堂互动和教学评估。
- 自媒体博主：仅需提供核心观点或简短描述，即可快速生成具有创意的内容脚本，帮助打造热门作品。
- 创业者：几天内即可利用 AI 快速搭建最小可行产品，高效验证商业模式并加速迭代。

2. 新兴职业的发展

AI 编程正在催生一系列新的职业和岗位，极大地拓展了职业发展的可能性：

- AI 提示工程师：设计并优化与 AI 模型的交互指令，确保获得最佳输出效果。
- 自动化流程专家：使用 AI 技术设计和实施自动化工作流程，提升企业运营效率。

- 智能系统集成顾问：帮助企业成功将 AI 技术融入现有业务系统，确保无缝集成与高效协同。
- AI 应用定制师：针对企业或行业的特殊需求，量身定制并优化专属 AI 应用程序，提升竞争力。

3. 个人竞争力提升

AI 编程是这个时代最公平的"命运改造车间"，掌握 AI 编程意味着获得了独特的核心竞争力：

- 创造独特性：当大部分人依赖现成的工具时，你可以自主设计并实现精准满足自身需求的 AI 解决方案，打造真正个性化的智能系统。
- 掌握自主权：摆脱对外部团队或高成本外包的依赖，具备快速、自主设计解决方案的能力，构建属于自己的效率或商业"护城河"。
- 实现敏捷性：灵感和创意无须等待冗长的审批和开发流程，通过 AI 快速完成原型搭建、验证和迭代，抢占市场先机。

AI 编程赋予个体前所未有的变革性力量，让你从被动的技术使用者成长为主动的创新者和价值创造者。

1.5　结语

"每个未实现的创意都是被封印的潜力，每段未落地的代码都是被浪费的人生可能性。"

AI 已不再是少数"程序员"的专属领地，它正迅速演变为当今时代每个人都应了解，甚至掌握的现代生存技能。

在这个技术以惊人速度迭代的时代，学习 AI 编程已经不是一道关于兴趣的"选择题"，而更像是一门关乎未来竞争力的"必修课"。

通过对本书的学习，你将很快掌握 AI 的相关知识、DeepSeek 等大模型的使用方法等，并利用相关工具（如 VS Code 或者 Windsurf）将脑海中的创意火花转化为可触碰的现实工具，进而从烦琐重复的工作中解放出来，将更多的时间与精力用于发现并抓住全新的职业机遇，最终改善并提升自己的生活质量。

第2章 | CHAPTER

DeepSeek 编程指南

本章将详细介绍 DeepSeek 的登录和使用，以及 DeepSeek 在现实生活和工作中的应用场景；详细介绍 DeepSeek 编程的优势、通过提示词发挥 DeepSeek 的创造力，以及使用 DeepSeek 的有趣且高效的提示词技巧。

2.1 本章学习目标

学习本章，你将掌握以下内容或技能：
- 对 DeepSeek 模型的功能有一定的了解。
- 了解 DeepSeek 的应用场景。
- 应用 DeepSeek 进行编写相关代码。
- 学会使用 DeepSeek 提示词的高阶技巧。

2.2 什么是 DeepSeek

DeepSeek 是一款强大的国产 AI 大模型及 AI 工具，专为 AI 编程和多种任务提供智能辅助。其核心目标是帮助用户提升工作效率，优化任务执行，并解决复杂问题。作为智能助手，DeepSeek 在代码生成、自然语言处理、数据分析等领域展现出卓越的能力，为开发者和专业人士提供了高效、精准的解决方案。

1. 核心定位与能力

- 专精于编程辅助：DeepSeek 在设计之初就特别侧重于代码相关的任务。它不仅能生成代码片段，还能进行代码补全、解释、调试、优化，甚至跨语言翻译代码和生成单元测试。这使得它成为开发者在编程过程中的得力助手，能显著提升开发效率和代码质量。
- 通用智能与多任务处理：除了强大的编程能力，DeepSeek 也是一个通用的智能体。它在自然语言理解和生成方面同样表现出色，能够处理包括文本创作、摘要提取、问答、翻译、数据分析、报告撰写等多种复杂任务。
- 效率与优化的驱动者：其核心目标是赋能用户，提升工作与学习效率。通过自动化重复性工作、提供快速准确的信息、辅助决策制定以及解决传统方法难以处理的复杂问题，DeepSeek 致力于优化用户的任务执行流程。

2. 技术基础与特点

- 基于海量数据训练：作为一个大模型，DeepSeek 通过学习海量的文本和代码数据，获得了强大的模式识别、逻辑推理和知识整合能力。
- 持续进化：DeepSeek 模型会不断迭代更新，吸收新的知识，优化性能，以适应快速发展的技术环境和用户需求。

2.3 登录和使用 DeepSeek

1. 登录 DeepSeek

（1）网页版登录

在浏览器中访问 https://www.deepseek.com/，单击"开始对话"按钮，使用手机号、邮箱或微信扫码进行注册或登录。

（2）手机应用登录

在应用商店搜索 DeepSeek 或"深度求索"并下载官方 App。打开 App 后，使用手机号、邮箱或微信扫码进行注册或登录。

单击"开始对话"按钮，通过验证之后，即可登录 DeepSeek 聊天界面，如图 2-1 所示。

图 2-1 DeepSeek 聊天界面

2. 使用 DeepSeek

（1）中央区域（对话窗口）

协助你进行代码编写、文案写作、内容创意、文件解析等任务。

（2）输入框区域

❏ 你可以在中央输入框输入任何问题或任务。

❏ 支持粘贴代码、提问对话、写作创作等形式。

（3）按钮功能（输入框下方）

❏ 深度思考（R1）：启用更强逻辑推理的模型，适合复杂任务。

❏ 联网搜索：开启实时联网功能，获取最新互联网信息。

❏ 附件上传（右侧回形针图标）：支持上传文件进行阅读、总结、翻译等。

❏ 发送按钮（右下角箭头）：发送当前输入内容。

2.4 DeepSeek 的核心能力与应用场景

在人工智能的应用场景中，DeepSeek 作为国产 AI 大模型，其强大的多模态能力和广泛的功能领域，在各种任务中展现了卓越的能力。下面将详细介绍

DeepSeek 的基础能力、主要应用场景，以及 DeepSeek 在 AI 编程中的具体优势。

2.4.1 DeepSeek 的基础能力

1. 能力概述

DeepSeek 拥有强大的多模态处理能力。这意味着它不仅能处理单一类型的数据（如文本或图像），还能够综合不同类型的信息进行分析和生成输出。通过这种多模态能力，DeepSeek 能够跨越不同的数据领域，执行复杂的任务，如文本生成、自然语言理解、代码辅助、数据分析等。

2. 应用场景

（1）文本生成

DeepSeek 可生成高质量的自然语言文本，适用于各种场景，如文章写作、邮件撰写、广告文案、技术文档等。它可以根据用户提供的提示词或上下文自动生成符合语境、流畅且有创意的文本。

应用案例：

- 项目文档自动生成：DeepSeek 可以根据项目的背景和要求，自动生成项目计划书、技术文档等，节省人力成本。
- 营销文案生成：它能够为产品或服务自动生成吸引人的广告文案，提升营销效率。

（2）自然语言理解

DeepSeek 在理解和分析复杂文本方面也表现出色。它能够解析用户输入的自然语言，理解其中的语义和情感，并提供相应的响应或分析结果。

应用案例：

- 情感分析：在社交媒体监控或客户反馈分析中，DeepSeek 可以帮助识别文本中的情感倾向（正面、负面或中立），为决策者提供有价值的信息。
- 文本分类与主题识别：DeepSeek 能够将大量的文档、评论、邮件等文本信息进行分类，快速找到重要内容。

（3）代码辅助

作为一款支持编程语言的 AI 模型，DeepSeek 能辅助开发人员进行代码编写、调试和优化。它不仅能够生成代码片段，还能提供有关算法、数据结构等的优化建议。

应用案例：
- 自动代码生成：根据需求描述，DeepSeek 可以自动生成代码模板或特定功能的实现代码，减少编程工作量。
- 代码优化与重构：对于已有的代码，DeepSeek 能够提供性能优化建议或重构方案，提高代码质量和可维护性。

（4）数据分析

DeepSeek 的多模态能力还扩展到数据分析领域，尤其是在处理复杂、结构化和非结构化数据时，它可以帮助用户快速提取有价值的见解。

应用案例：
- 数据清洗与处理：DeepSeek 能够自动识别并处理数据中的错误或缺失值，提高数据的质量。
- 趋势分析与预测：在金融、零售等行业，DeepSeek 可帮助分析历史数据，预测未来趋势，如销售预测、股市分析等。

通过这些应用场景，DeepSeek 的多模态能力显著提升了各行业用户的工作效率，并且能够解决实际工作中的复杂问题。在未来的应用中，DeepSeek 可能会在更多领域展现其强大的多模态处理能力。

2.4.2 DeepSeek 的编程能力

1. 能力概述

DeepSeek 在编程领域具备卓越的能力，能够为开发者提供全方位的编程支持。凭借深度学习和大规模的编程数据训练，DeepSeek 可以生成高质量的代码，提供代码分析和调试功能，优化算法，并协助开发者进行单元测试等任务。这些功能不仅适用于各种编程语言和框架，还能帮助开发者解决复杂的技术难题，极大地提升了开发效率，降低了编程难度。

2. 应用场景

（1）代码生成

DeepSeek 能够根据自然语言描述或需求，自动生成符合预期的代码。这不仅加速了开发过程，还能够为开发者提供常见任务的解决方案，减少了手动编写重复性代码的工作。

应用案例：

- Web 应用开发：开发者只需描述网页的功能要求，DeepSeek 可自动生成对应的前端和后端代码，帮助开发者快速启动项目。
- 算法实现：开发者通过简单的需求描述，DeepSeek 可自动生成相关的算法代码，如排序、搜索、图算法等，减少编写复杂算法的时间。

（2）代码解释与调试

DeepSeek 能够分析并解释现有代码，帮助开发者理解代码的功能和逻辑。它还能自动识别代码中的潜在问题，提供调试建议，甚至直接修复常见的错误。

应用案例：

- 错误检测与修复：DeepSeek 可以分析代码中的错误，给出详细的错误信息及修复建议，帮助开发者快速定位和解决问题。
- 代码解释：对于复杂的代码段，DeepSeek 能提供逐行解释，帮助开发者理解代码的实现原理和流程，尤其在调试过程中非常有用。

（3）代码翻译与迁移

DeepSeek 支持不同编程语言之间的代码翻译，使得开发者能够在多个平台或项目中轻松切换语言。它能够将一种编程语言的代码准确翻译成另一种语言，并保证逻辑一致性。

应用案例：

- 跨平台开发：在开发跨平台应用时，DeepSeek 可以帮助开发者将 Java 代码转化为 Python，或将 Python 代码转化为 JavaScript，确保多平台兼容。
- 代码迁移：在将旧项目迁移到新的编程语言时，DeepSeek 可以自动翻译并适配代码，减少人工修改工作量。

（4）生成单元测试

DeepSeek 能够根据现有代码自动生成单元测试脚本，确保代码的功能正确性，并便于后期的维护和更新。

应用案例：

- 自动化测试：开发者只需提供要测试的代码，DeepSeek 会自动生成相应的测试用例，并在开发过程中持续更新和优化。
- 回归测试：对于已有的项目，DeepSeek 可自动生成回归测试用例，确保新功能的加入不会破坏现有功能。

（5）算法优化与性能提升

DeepSeek 不仅能提供常见算法的实现，还能根据具体场景提供性能优化建议，帮助开发者提升程序的效率和可扩展性。

应用案例：

- 数据处理优化：DeepSeek 可以优化大数据处理算法，例如在处理海量数据时，提出性能提升方案，减少计算时间和资源消耗。
- 内存优化：对于内存占用过高的程序，DeepSeek 能够提供内存优化建议，帮助开发者降低程序的内存使用。

3. 在 AI 编程中的优势

（1）提升开发效率

DeepSeek 可以自动生成代码和测试用例，帮助开发者快速完成常见功能的实现，显著提升开发效率。这尤其适用于原型开发和快速迭代的项目。

（2）降低学习曲线

通过代码解释和调试功能，DeepSeek 可以帮助初学者理解复杂代码和编程概念，降低学习编程的难度。此外，DeepSeek 的多语言支持使得开发者能够快速切换和适应不同的编程语言，减少了语言切换的成本。

（3）减少重复性工作

DeepSeek 能够自动生成代码模板和常用功能模块，避免了开发者编写重复性代码的工作，从而将精力集中在更具创造性的任务上。

（4）优化代码质量

DeepSeek 在代码优化和重构方面的优势可以帮助开发者编写更加高效、简洁的代码，提升项目的可维护性和可扩展性。

（5）高效的跨语言协作

在跨语言开发和多平台协作中，DeepSeek 提供的代码翻译能力极大地方便了不同编程语言的协作，确保开发者能够高效地在不同语言间迁移和集成代码。

通过这些功能，DeepSeek 在 AI 编程领域展现出了强大的优势，成为开发者高效编程的重要工具。它不仅能提升编程效率，降低开发成本，还能在项目开发过程中提供持续的支持和优化，推动技术创新和应用实践。

2.4.3 DeepSeek 在 AI 编程中的应用案例

1. 案例 1：快速生成函数 / 类

data.csv 文件数据示例如表 2-1 所示。

表 2-1 data.csv 文件数据示例

product_id	product_name	category	price	stock	date
1001	Smartphone X	Electronics	799.99	120	2025-03-19 16:09:13.772216
1002	Laptop Pro	Electronics	1299.99	85	2025-03-12 16:09:13.772216
1003	Wireless Headphones	Electronics	149.99	200	2025-03-10 16:09:13.772216
1004	Coffee Maker	Home Appliances	89.99	45	2025-03-16 16:09:13.772216
1005	Blender Plus	Home Appliances	79.99	60	2025-03-12 16:09:13.772216
1006	Running Shoes	Sports	129.99	95	2025-03-17 16:09:13.772216
1007	Fitness Tracker	Electronics	89.95	150	2025-03-15 16:09:13.772216
1008	Desk Chair	Furniture	199.99	30	2025-03-21 16:09:13.772216
1009	Table Lamp	Home Decor	49.99	75	2025-03-07 16:09:13.772216
1010	Backpack	Accessories	59.99	110	2025-03-04 16:09:13.772216
1011	Water Bottle	Sports	19.99	200	2025-03-19 16:09:13.772216
1012	Smart Watch	Electronics	249.99	65	2025-03-12 16:09:13.772216
1013	Yoga Mat	Sports	29.99	80	2025-03-13 16:09:13.772216
1014	Winter Jacket	Clothing	179.99	40	2025-03-14 16:09:13.772216
1015	Portable Charger	Electronics	39.99	175	2025-03-27 16:09:13.772216

表 2-1 展示了产品 ID、产品名称、类别、价格、库存数量和日期信息。

DeepSeek 提示词示例：

> 使用 Python 和 Pandas 编写一个函数，读取 csv 文件，并计算某一列的平均值。

DeepSeek 生成结果示例：

```python
import pandas as pd
def calculate_column_mean(file_path: str, column_name: str) -> float:
    df = pd.read_csv(file_path)
    return df[column_name].mean()
# 示例调用
mean_value = calculate_column_mean("data.csv", "price")
print(f"平均值：{mean_value}")
```

运行结果如图 2-2 所示。

进一步优化：让 DeepSeek 对数据进行可视化，生成精美的图形。

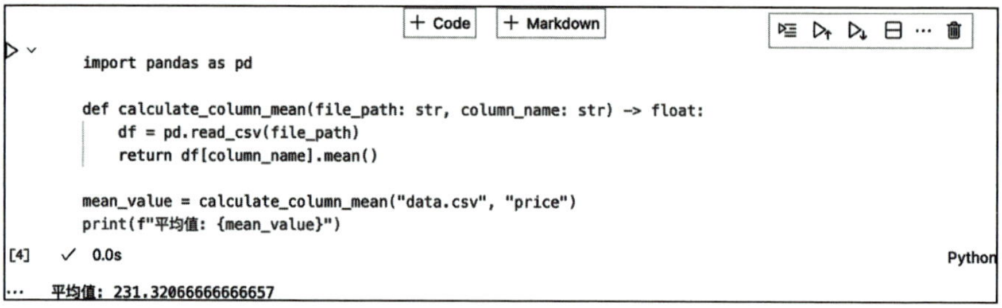

```
import pandas as pd

def calculate_column_mean(file_path: str, column_name: str) -> float:
    df = pd.read_csv(file_path)
    return df[column_name].mean()

mean_value = calculate_column_mean("data.csv", "price")
print(f"平均值: {mean_value}")
```

[4] ✓ 0.0s   Python

... 平均值: 231.32066666666657

图 2-2　VS Code 中的运行结果

DeepSeek 生成代码示例：

```
import pandas as pd
import matplotlib.pyplot as plt
from matplotlib.dates import DateFormatter
import datetime
import matplotlib as mpl
from matplotlib.font_manager import FontProperties
设置中文字体支持
方法 1：使用系统中文字体
try:
# 尝试使用系统中文字体
plt.rcParams['font.sans-serif'] = ['SimHei', 'Microsoft YaHei',
    'SimSun', 'Arial Unicode MS', 'sans-serif']
plt.rcParams['axes.unicode_minus'] = False  # 解决负号显示问题
# 检查字体是否正常工作
plt.figure(figsize=(1, 1))
plt.text(0.5, 0.5, '测试中文', fontsize=12, ha='center')
plt.close()
print(" 成功设置中文字体 ")
except:
# 如果系统字体不可用，尝试使用 matplotlib 内置的中文字体
print(" 系统中文字体不可用，尝试其他方法… ")
# 方法 2：使用 matplotlib 内置的中文字体
try:
mpl.rc('font', family='Arial Unicode MS')
print(" 使用 Arial Unicode MS 字体 ")
except:
print(" 警告：无法设置中文字体，图表中的中文可能无法正确显示 ")
读取 CSV 数据
df = pd.read_csv('data.csv')
将日期列转换为 datetime 类型
df['date'] = pd.to_datetime(df['date'])
创建带有多个子图的图表
plt.figure(figsize=(15, 15))
1. 按类别的总价值（价格 × 库存）
plt.subplot(2, 2, 1)
```

```python
df['total_value'] = df['price'] * df['stock']
category_value = df.groupby('category')['total_value'].sum().sort_
    values(ascending=False)
category_value.plot(kind='bar', color='skyblue')
plt.title('按类别的总价值（价格 × 库存）', fontsize=14)
plt.ylabel('总价值($)', fontsize=12)
plt.xlabel('类别', fontsize=12)
plt.xticks(rotation=45)
plt.grid(axis='y', linestyle='-', alpha=0.7)
# 2. 按类别的产品数量分布
plt.subplot(2, 2, 2)
category_counts = df['category'].value_counts()
plt.pie(category_counts, labels=category_counts.index, autopct='%1.1f%%',
    startangle=90, shadow=True, explode=[0.05] * len(category_counts))
plt.title('产品类别分布', fontsize=14)
# 3. 价格分布直方图
plt.subplot(2, 2, 3)
plt.hist(df['price'], bins=10, color='lightgreen', edgecolor='black')
plt.title('价格分布', fontsize=14)
plt.xlabel('价格($)', fontsize=12)
plt.ylabel('产品数量', fontsize=12)
plt.grid(axis='y', linestyle='-', alpha=0.7)
# 4. 价格和库存散点图
plt.subplot(2, 2, 4)
scatter = plt.scatter(df['price'], df['stock'], c=df['price'],
    cmap='viridis',
alpha=0.7, s=100, edgecolors='black')
plt.title('价格与库存关系', fontsize=14)
plt.xlabel('价格($)', fontsize=12)
plt.ylabel('库存数量', fontsize=12)
cbar = plt.colorbar(scatter, label='价格($)')
cbar.set_label('价格($)', fontsize=12)
plt.grid(True, alpha=0.3)
# 调整布局
plt.tight_layout()
plt.savefig('product_analysis.png', dpi=300, bbox_inches='tight')
# 创建第二个图表 - 按日期分析
plt.figure(figsize=(15, 8))
# 按日期排序
df_sorted = df.sort_values('date')
# 5. 日期和价格折线图
plt.plot(df_sorted['date'], df_sorted['price'], marker='o', linestyle='-',
color='purple', markersize=8, linewidth=2)
plt.title('产品价格随时间变化', fontsize=16)
plt.xlabel('日期', fontsize=14)
plt.ylabel('价格($)', fontsize=14)
plt.grid(True, alpha=0.3)
# 格式化日期轴
```

```
date_format = DateFormatter('%Y-%m-%d')
plt.gca().xaxis.set_major_formatter(date_format)
plt.gcf().autofmt_xdate()  # 自动旋转日期标签
plt.tight_layout()
plt.savefig('price_time_analysis.png', dpi=300, bbox_inches='tight')
print(" 可视化完成！图表已保存为 'product_analysis.png' 和 'price_time_
    analysis.png'")
```

根据 DeepSeek 生成的代码在 VS Code 中生成可视化展示，产品价格类别分析图如图 2-3 所示，产品价格随时间变化的折线图如图 2-4 所示。

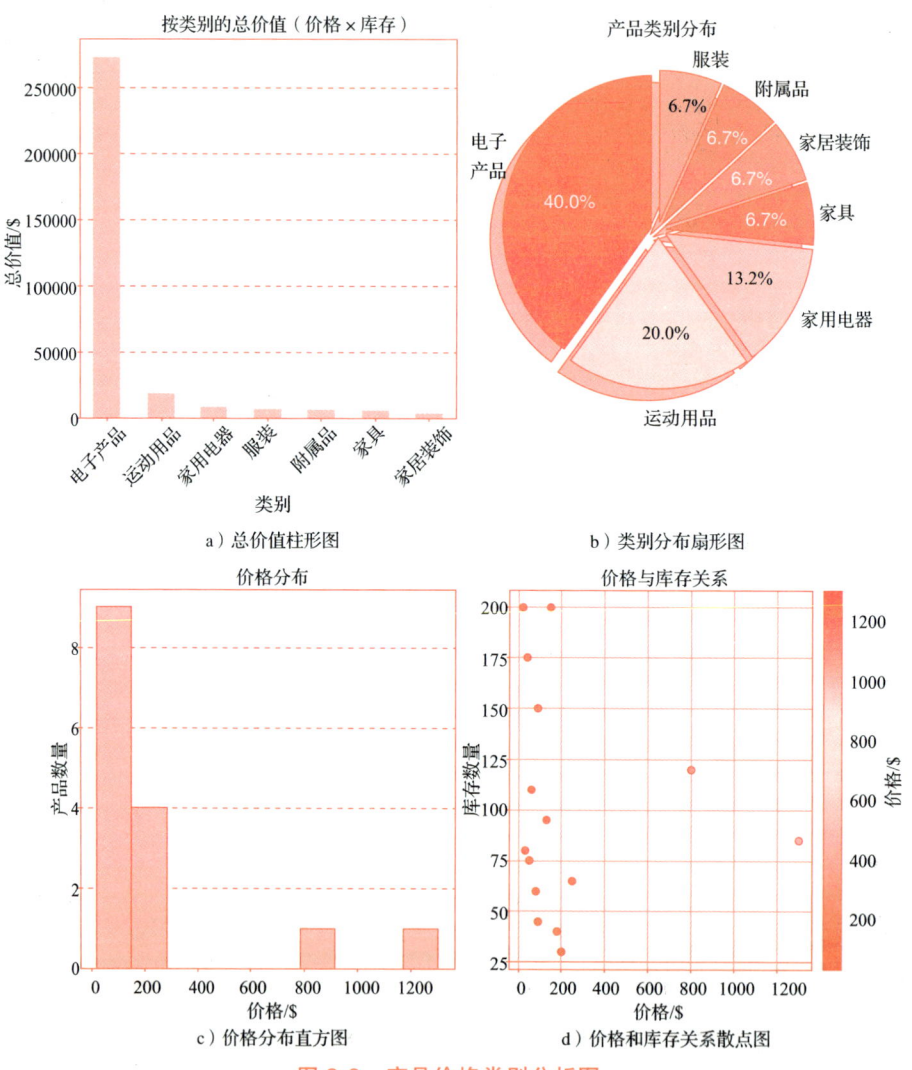

图 2-3　产品价格类别分析图

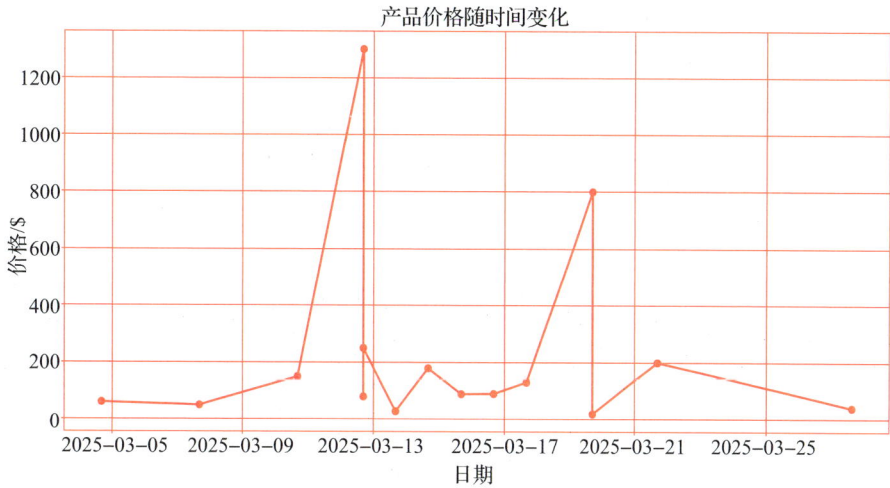

图 2-4　产品价格随时间变化的折线图

DeepSeek 的优势：

代码结构清晰，包含参数类型注解，并可直接运行。

2. 案例 2：解释复杂代码

DeepSeek 提示词示例：

```
解释 TensorFlow 代码中 tf.GradientTape 的作用和原理。
```

DeepSeek 生成结果示例：

```
tf.GradientTape 是 TensorFlow 2.x 中用于自动求导的工具。它在 with tf.GradientTape()
as tape: 代码块中记录所有计算操作，并允许你随后计算梯度。例如，在神经网络训练中，它可
用于计算损失函数对模型参数的梯度，以便进行优化。
示例代码：
import tensorflow as tf
x = tf.Variable(3.0)
with tf.GradientTape() as tape:
    y = x ** 2
dy_dx = tape.gradient(y, x)          # 计算 dy/dx
print(dy_dx.numpy())                 # 输出 6.0
```

DeepSeek 的优势： 提供直观解释＋示例代码，帮助用户理解核心概念。

3. 案例 3：调试与错误修复

DeepSeek 提示词示例：

```
IndexError: list index out of range 错误，修复以下代码：
arr = [1, 2, 3]
```

```
print(arr[3])
```

DeepSeek 生成结果示例：

这个错误是因为你试图访问一个不存在的列表索引而产生的。在 Python 中，列表索引是从 0 开始的，所以列表 arr = [1, 2, 3] 的有效索引是 0、1 和 2。
要修复这个错误，你有几个选择：
1. 如果你想访问最后一个元素，应该使用索引 2：
```python
arr = [1, 2, 3]
print(arr[2])     # 这会打印 3
```
2. 或者你可以使用负数索引来从列表末尾开始计数：
```python
arr = [1, 2, 3]
print(arr[-1])    # 这会打印最后一个元素 3
```
3. 如果你想安全地访问可能不存在的索引，可以使用异常处理：
```python
arr = [1, 2, 3]
try:
    print(arr[3])
except IndexError:
    print("索引超出范围")
```
原始代码 print(arr[3]) 之所以会引发 IndexError 是因为列表只有 3 个元素（索引 0、1、2），而索引 3 不存在。

DeepSeek 的优势：自动识别错误并提供防止越界的代码优化方案。

4. 案例 4：跨语言代码转换

DeepSeek 可以快速将 Java 实现的快速排序算法转换为 Python 代码。

DeepSeek 提示词示例：

```
Java 代码：
public class QuickSort {
    public static void quickSort(int[] arr, int left, int right) {
        if (left < right) {
            int pivotIndex = partition(arr, left, right);
            quickSort(arr, left, pivotIndex - 1);
            quickSort(arr, pivotIndex + 1, right);
        }
    }
    private static int partition(int[] arr, int left, int right) {
        int pivot = arr[right];
        int i = left - 1;
        for (int j = left; j < right; j++) {
```

```
            if (arr[j] < pivot) {
                i++;
                swap(arr, i, j);
            }
        }
        swap(arr, i + 1, right);
        return i + 1;
    }
    private static void swap(int[] arr, int i, int j) {
        int temp = arr[i];
        arr[i] = arr[j];
        arr[j] = temp;
    }
} 请帮我将Java代码转换为Python代码。
```

将上述提示词需求发给 DeepSeek，以下是 Java 快速排序算法的 Python 实现。DeepSeek 生成结果示例：

```python
def quick_sort(arr, left=None, right=None):
    if left is None:
        left = 0
    if right is None:
        right = len(arr) - 1
    
    if left < right:
        pivot_index = partition(arr, left, right)
        quick_sort(arr, left, pivot_index - 1)
        quick_sort(arr, pivot_index + 1, right)

def partition(arr, left, right):
    pivot = arr[right]
    i = left - 1
    
    for j in range(left, right):
        if arr[j] < pivot:
            i += 1
            arr[i], arr[j] = arr[j], arr[i]
    
    arr[i + 1], arr[right] = arr[right], arr[i + 1]
    return i + 1

# 使用示例
if __name__ == "__main__":
    data = [8, 7, 2, 1, 0, 9, 6]
    print("原始数组:", data)
```

```
    quick_sort(data)
    print("排序后数组:", data)
```

主要变化和说明：
1. Python 不需要类型声明，去掉了所有类型相关的代码。
2. 将 quickSort 改为 Python 风格的 quick_sort。
3. 添加了默认参数处理，使调用时可以只传入数组 quick_sort(arr)。
4. Python 支持多重赋值，简化了 swap 函数，直接内联在代码中。
5. 去掉了类结构，直接使用函数实现。
6. 添加了示例使用代码。

这个实现保持了与原始 Java 代码相同的逻辑和算法复杂度（O(n log n) 平均情况）。

DeepSeek 的优势：精准转换代码，逻辑保持一致，同时符合 Python 代码的风格。

5. 案例 5：生成单元测试

DeepSeek 可以快速帮助开发者对 Python 函数生成单元测试，以下是 DeepSeek 生成单元测试的使用示例：

DeepSeek 提示词示例：

```
为以下 Python 函数编写 pytest 单元测试：
def add(a, b):
    return a + b
```

DeepSeek 生成结果示例：

```python
import pytest
def add(a, b):
    return a + b
def test_add_positive():
    assert add(2, 3) == 5
def test_add_negative():
    assert add(-1, -1) == -2
def test_add_mixed():
    assert add(-1, 1) == 0
def test_add_zero():
    assert add(0, 0) == 0
def test_add_large_numbers():
    assert add(1000000, 2000000) == 3000000
```

DeepSeek 的优势：自动编写完整的单元测试，覆盖多个边界情况。

6. 案例 6：技术方案建议

DeepSeek 可以快速设计一个详细技术框架，然后根据此设计框架搭建项目。

以下是通过 DeepSeek 设计技术框架的示例：

DeepSeek 提示词示例：

> 推荐系统设计后端架构。

DeepSeek 生成结果示例：

> 推荐系统后端架构设计
> 为推荐系统设计后端架构涉及多个层面，包括数据处理、模型训练与服务、API 接口等。以下是一个可能的架构方案概述：
> 1．数据层 (Data Layer)
> 数据源：用户行为日志(点击、购买、评分)、物品元数据(商品信息、文章内容)、用户画像数据。
> 数据存储：
> 原始日志：使用 Kafka 等消息队列收集，存入 HDFS 或对象存储(如 S3)。
> 处理后数据/特征：存入数据仓库(如 Hive、BigQuery)或 NoSQL 数据库(如 HBase、Cassandra)便于快速查询。
> 用户/物品画像：可存入 Redis 或 Memcached 等内存数据库加速访问。
> 数据处理：使用 Spark,Flink 等进行 ETL①、特征工程。
> 2．模型层 (Model Layer)
> 离线训练：
> 召回模型：如协同过滤 (UserCF, ItemCF)、矩阵分解 (ALS, SVD)、向量检索 (Faiss, Annoy) 用于生成候选集。常用技术栈：Spark MLlib, TensorFlow, PyTorch。
> 排序模型：如逻辑回归 (LR),GBDT,FM,DeepFM,Wide&Deep,DIN 等，对召回的候选集进行精排。常用技术栈：TensorFlow,PyTorch,XGBoost, LightGBM。
> 模型管理：使用 MLflow 或类似平台管理模型版本和实验。
> 近线/在线更新：对于需要快速反应用户兴趣变化的场景，可能需要近线更新(如分钟级/小时级更新用户向量)或在线学习模型。
> 3．服务层 (Service Layer)
> 推荐引擎 API：提供统一的 API 接口供前端调用。通常为 RESTful API。
> 召回服务：根据用户 ID 或上下文信息，快速从海量物品库中召回候选集。
> 排序服务：对召回结果进行实时打分排序。
> 策略/混排服务：融合不同召回源的结果，执行业务规则(如去重、多样性、强制插入等)。
> 特征服务：提供实时的用户和物品特征查询服务。
> 部署：使用 Docker + Kubernetes 进行容器化部署和管理，或使用云厂商提供的 Serverless 服务(如 AWS Lambda,SageMaker Endpoints)。
> 4．监控与评估 (Monitoring & Evaluation)
> 效果监控：监控推荐的点击率 (CTR)、转化率 (CVR)、曝光量等业务指标。
> 性能监控：监控 API 延迟、吞吐量、系统资源使用情况。使用 Prometheus + Grafana 或类似工具。
> A/B 测试平台：用于在线评估不同推荐算法或策略的效果。
> 可选方案/技术栈考虑
> 方案 1 (适合初创/中小型)：基于 Spark MLlib/Mahout 实现离线协同过滤召回 + LR/GBDT 排序，部署为简单 API 服务。
> 方案 2 (通用/大型)：采用深度学习模型进行召回(如双塔模型)和排序(如 DeepFM, DIN)，利用向量数据库加速召回，构建微服务架构，部署在 K8s 上。

---

① ETL 为数据抽取、转换、加载。——编辑注

> 方案3（实时性要求高）：结合 Flink 进行实时特征计算和流式模型更新，构建实时推荐系统。
>
> 优缺点分析
>
> 离线 vs 在线：离线训练简单稳定，但时效性差；在线学习实时性好，但架构复杂，稳定性要求高。
>
> 传统模型 vs 深度学习：传统模型解释性好，训练快；深度学习模型表达能力强，效果上限高，但需要更多数据和计算资源。
>
> 自建 vs 云服务：自建灵活可控；云服务省心省力，按需付费，但可能存在厂商锁定风险。选择哪种架构取决于具体的业务场景、数据规模、团队技术栈和资源投入。

DeepSeek 的优势：提供多种可选方案，并分析优缺点。

2.5 DeepSeek 提示词

在与 AI 进行交互时，高质量的提示词能极大提升 AI 生成内容的准确性和实用性。无论是生成代码、优化程序、解释技术概念，还是调试错误，一个清晰、结构化的提示词都能帮助 AI 更好地理解你的需求，并提供高质量的输出。

本节将介绍一些提示词模板，它们涵盖了角色扮演、代码解释、错误修复、学习新知识等多个常见场景。你可以直接使用这些模板，或根据具体需求进行调整，以更高效地使用 AI 辅助编程。（更多提示词模板参考附录或者加入我们的社区。）

2.5.1 提示词模板示例

1. 角色扮演模板

用途：让 AI 扮演某个专业角色，比如数据科学家、后端工程师、算法专家等，从而生成更符合该角色专业知识的回答。

DeepSeek 提示词模板：

```
角色：Python 数据科学家
任务：[清晰描述你的编程任务，例如，使用 Matplotlib 绘制散点图]
输入数据描述：[描述你的数据结构或提供示例]
要求/约束：[例如，添加图例和标题，指定颜色]
输出格式：[例如，Python 代码片段]
```

DeepSeek 提示词示例：

```
角色：Python 数据科学家
任务：使用 Matplotlib 绘制一个简单的随机散点图
输入数据描述：生成100个 (0,1) 区间的随机 x,y 坐标点
```

要求/约束：添加图例和标题，指定颜色为蓝色，点透明度为0.5
输出格式：Python 代码片段，包含必要的导入和绘图展示代码

DeepSeek 生成结果代码：

```
import numpy as np
import matplotlib.pyplot as plt
角色：Python 数据科学家
任务： 使用 Matplotlib 绘制一个简单的随机散点图
输入数据描述：生成 100 个 (0,1) 区间的随机 x, y 坐标点
要求/约束：添加图例和标题，指定颜色为蓝色，点透明度为 0.5
输出格式： Python 代码片段，包含必要的导入和绘图展示代码
生成随机数据
np.random.seed(42)              # for reproducibility
x = np.random.rand(100)
y = np.random.rand(100)
绘制散点图
plt.figure(figsize=(8, 6))      # 设置图形大小
plt.scatter(x, y, color='blue', alpha=0.5, label='随机数据点')
# 指定颜色、透明度和标签（用于图例）
plt.title("随机散点图")           # 添加标题
plt.xlabel("x 轴坐标")           # 添加 x 轴标签
plt.ylabel("y 轴坐标")           # 添加 y 轴标签
plt.legend()                    # 显示图例
plt.grid(True)                  # 添加网格线
plt.show()                      # 显示图形
```

代码生成结果示例如图 2-5 所示。

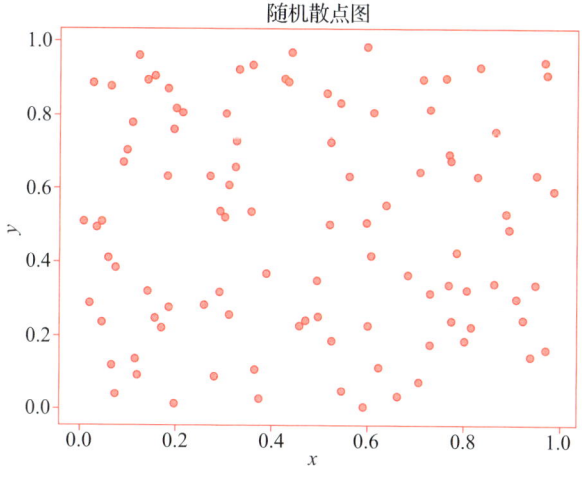

图 2-5 代码生成结果示例

2. 代码解释模板

用途：让 AI 解析代码，提供功能说明、关键步骤解析，并指出可能的优化点。

DeepSeek 提示词模板：

请解释以下 [语言名称] 代码的功能、关键步骤和潜在的优化点。

DeepSeek 提示词示例：

```
请解释以下 Python 代码的功能、关键步骤和潜在的优化点：
def fibonacci(n):
    if n <= 0:
        return "输入必须是正整数"
    elif n == 1:
        return [0]
    elif n == 2:
        return [0, 1]
    else:
        seq = [0, 1]
        for i in range(2, n):
            seq.append(seq[-1] + seq[-2])
        return seq
```

DeepSeek 生成结果示例：

```
Python Fibonacci 序列生成代码解析
1. 功能
这段代码实现了一个生成斐波那契数列的函数，输入一个正整数n，返回包含前n个斐波那契数的列表。
2. 关键步骤解析
（1）输入验证
检查n是否为正整数，如果不是则返回错误信息。
（2）基础情况处理
n=1时返回[0]，
n=2时返回[0, 1]。
（3）序列生成
对于n>2的情况，初始化序列为[0, 1]，
使用循环从第3项开始计算，每次将最后两项相加作为新项，
循环直到生成n个斐波那契数。
3. 潜在优化点
（1）输入验证改进
当前对非正整数返回字符串，可能引发类型不一致问题。
建议抛出异常更符合Python惯例：
if not isinstance(n, int) or n <= 0:
    raise ValueError("输入必须是正整数")
（2）空间优化
对于大n值，可以改用生成器来节省内存。
```

示例：
```
def fibonacci_gen(n):
    a, b = 0, 1
    for _ in range(n):
        yield a
        a, b = b, a + b
```
（3）性能优化
对于频繁调用的场景，可以使用缓存或记忆化技术。
示例使用 lru_cache：
```
from functools import lru_cache
@lru_cache(maxsize=None)
def fib(n):
    if n < 2:
        return n
    return fib(n-1) + fib(n-2)
```
（4）数学优化
对于极大 n 值，可以使用矩阵快速幂或比奈公式来获得 O(1) 时间复杂度。
边界情况处理：
当前代码处理了 n=0 的情况，但返回类型与成功情况不一致，
考虑是否接受 n=0 并返回空列表。
（5）代码风格：
可以添加文档字符串说明函数用途和参数。
可以考虑使用元组解包使代码更简洁：
`seq.append(seq[-2] + seq[-1])`
这个实现对于中等大小的 n 值已经足够高效（O(n) 时间复杂度），但如果需要处理极大 n 值或需要频繁调用，则可以考虑上述优化方案。

3. 错误修复模板

用途：当代码出现错误时，提供错误信息和代码片段，让 AI 分析错误原因并提供修复建议。

DeepSeek 提示词模板：

```
我的 [语言名称] 代码在运行时出现以下错误：
[粘贴错误信息]
这是相关的代码片段：
[在此处粘贴代码]
请帮我分析错误原因，并提供修复建议或修复后的代码。
```

DeepSeek 提示词示例：

```
我在 python 中运行出现一下的错误
IndexError: list index out of range
这是相关的代码片段：
arr = [1, 2, 3]
print(arr[3])
请帮我分析错误原因，并提供修复建议或修复后的代码。
```

DeepSeek 生成结果示例：

好的，我们来分析这个问题。
错误原因分析：
错误信息 IndexError: list index out of range 表明你正在尝试访问一个列表中不存在的索引位置。
在你的代码中：

```
arr = [1, 2, 3]
print(arr[3])
```

列表 arr 包含了 3 个元素。
在 Python（以及大多数编程语言）中，列表的索引是从 0 开始计算的。
因此，arr 的有效索引是 0, 1, 2。分别对应的值是 1, 2, 3。
当你尝试访问 arr[3] 时，这个索引超出了列表的有效范围（0 到 2），所以 Python 抛出了 IndexError。
修复建议与修复后的代码：
有几种修复或改进的方式，取决于你的具体意图：
1. 访问最后一个元素：如果你的意图是访问列表的最后一个元素，应该使用索引 len(arr) - 1。

```
arr = [1, 2, 3]
last_index = len(arr) - 1
if last_index >= 0:            # 确保列表不为空
    print(arr[last_index])     # 输出 3
else:
    print("列表为空，无法访问元素")
# 或者更 Pythonic 的方式访问最后一个元素
if arr:                        # 检查列表是否非空
    print(arr[-1])             # 输出 3
else:
    print("列表为空")
```

2. 检查索引有效性：在访问之前检查索引是否在有效范围内。

```
arr = [1, 2, 3]
index_to_access = 3            # 你想访问的索引
if 0 <= index_to_access < len(arr):
    print(arr[index_to_access])
else:
    print(f"错误：索引 {index_to_access} 超出列表范围 (0 到 {len(arr)-1})")
```

3. 使用异常处理（Try-Except）：如果不确定索引是否有效，可以使用 try-except 块来捕获可能的 IndexError。

```
arr = [1, 2, 3]
index_to_access = 3
try:
    print(arr[index_to_access])
except IndexError:
    print(f"捕获到错误：索引 {index_to_access} 超出列表范围。")
```

总结：
最直接的原因是你试图访问的索引 3 对于只有 3 个元素（索引 0,1,2）的列表 arr 来说是无效的。请根据你的实际需要选择上述合适的修复方法。

4. 学习新知识模板

用途：让 AI 用通俗易懂的语言介绍某个技术概念，并提供入门示例代码。

DeepSeek 提示词模板：

> 我想学习 [技术/库/概念名称]，请用简洁明了的语言解释它的核心思想，并提供一个简单的 [语言名称] 入门示例代码。

DeepSeek 提示词示例：

> 我想学习 Pandas 库，请用简洁明了的语言解释它的核心思想，并提供一个简单的 Python 入门示例代码。

DeepSeek 生成结果示例：

> Pandas 核心思想解释
>
> Pandas 是 Python 语言中一个非常强大且流行的数据分析和处理库。你可以把它想象成 Python 世界里的超级加强版 Excel。
>
> 它的核心思想是提供了两种主要的数据结构，让你能高效、便捷地操作结构化数据（就像电子表格或数据库中的表）：
> - Series（系列）：像是一维的带标签数组，可以理解为表格中的一列。每个元素都有一个标签（索引），默认是 0,1,2,…，但也可以自定义。
> - DataFrame（数据框）：像是一个二维的带标签表格，可以理解为整个电子表格。它有多行多列，每列可以是不同的数据类型（数字、字符串、布尔值等）。它既有行索引，也有列索引（列名）。
>
> Pandas 让你能够轻松地进行以下操作：
> - 读取和写入多种格式的数据（如 CSV、Excel、SQL 数据库等）。
> - 查看、选择和过滤数据（按行、按列、按条件）。
> - 处理缺失数据（填充或删除）。
> - 数据转换和清洗（如更改数据类型、重命名列）。
> - 合并、连接和重塑数据表。
> - 进行分组聚合计算（类似 Excel 的数据透视表）。
> - 处理时间序列数据。
> - 进行简单的数据可视化。
>
> 总之，Pandas 的目标是让 Python 成为强大而高效的数据分析环境，极大简化数据处理的流程。
>
> Pandas Python 入门示例代码：
>
> ```python
> # 导入 Pandas 库，通常约定俗成地简写为 pd
> import pandas as pd
> # --- 创建 DataFrame ---
> # 假设我们有一些数据，比如几个人的姓名、年龄和城市
> data = {
>     '姓名': ['爱丽丝', '鲍勃', '查理', '黛安娜'],
>     '年龄': [25, 30, 22, 35],
>     '城市': ['北京', '上海', '广州', '上海']
> }
> # 使用字典创建 DataFrame，字典的键成为列名，值（列表）成为列数据
> df = pd.DataFrame(data)
> # --- 查看 DataFrame ---
> ```

```python
print("--- 原始 DataFrame ---")
print(df)
# 输出：
# --- 原始 DataFrame ---
#     姓名  年龄  城市
# 0  爱丽丝   25  北京
# 1   鲍勃   30  上海
# 2   查理   22  广州
# 3  黛安娜   35  上海
print("\n--- DataFrame 的基本信息 ---")
# .info() 方法可以查看 DataFrame 的概览信息，如行数、列数、每列的数据类型、非
  空值数量等
df.info()
print("\n--- 查看前几行数据 ---")
# .head(n) 方法默认显示前 5 行，可以指定 n
print(df.head(2))
# 输出：
# --- 查看前几行数据 ---
#     姓名  年龄  城市
# 0  爱丽丝   25  北京
# 1   鲍勃   30  上海
# --- 选择数据 ---
print("\n--- 选择 '年龄' 这一列 (Series) ---")
# 选择单列会得到一个 Series
ages = df['年龄']
print(ages)
# 输出：
# --- 选择 '年龄' 这一列 (Series) ---
# 0    25
# 1    30
# 2    22
# 3    35
# Name: 年龄, dtype: int64
print("\n--- 选择多列 ('姓名' 和 '城市') ---")
# 选择多列会得到一个新的 DataFrame
subset = df[['姓名','城市']]
print(subset)
# 输出：
# --- 选择多列 ('姓名' 和 '城市') ---
#     姓名  城市
# 0  爱丽丝  北京
# 1   鲍勃  上海
# 2   查理  广州
# 3  黛安娜  上海
print("\n--- 按条件过滤数据（年龄大于 25 岁的人）---")
# 使用布尔索引进行过滤
older_people = df[df['年龄'] > 25]
print(older_people)
```

```
# 输出：
# --- 按条件过滤数据（年龄大于 25 岁的人）---
#     姓名   年龄   城市
# 1   鲍勃   30    上海
# 3   黛安娜  35    上海
# --- 计算统计量 ---
print("\n--- 计算平均年龄 ---")
# 对 '年龄' 列调用 .mean() 方法计算平均值
average_age = df['年龄'].mean()
print(f"平均年龄是：{average_age}")
# 输出：
# --- 计算平均年龄 ---
# 平均年龄是：28.0
print("\n--- 按城市分组并计算每个城市的平均年龄 ---")
# .groupby('列名') 进行分组，然后可以对分组后的对象进行聚合计算
average_age_by_city = df.groupby('城市')['年龄'].mean()
print(average_age_by_city)
# 输出：
# --- 按城市分组并计算每个城市的平均年龄 ---
# 城市
# 上海    32.5
# 北京    25.0
# 广州    22.0
# Name: 年龄, dtype: float64
# --- 添加新列 ---
print("\n--- 添加一个表示是否成年的新列 ---")
# 根据 '年龄' 列创建一个新列 '是否成年'
df['是否成年'] = df['年龄'] >= 18
print(df)
# 输出：
# --- 添加一个表示是否成年的新列 ---
#     姓名   年龄   城市   是否成年
# 0   爱丽丝  25    北京   True
# 1   鲍勃   30    上海   True
# 2   查理   22    广州   True
# 3   黛安娜  35    上海   True
```

这个例子展示了 Pandas 的一些基本操作，包括创建数据、查看数据、选择数据、过滤数据、计算统计量以及添加新列。希望这个解释和示例能帮助你入门 Pandas。

2.5.2　高级提示词技巧

在实际应用中，除了使用基础模板，我们还可以利用一些高级技巧来优化提示词的效果，让 AI 生成更符合需求的内容。见附录 B 的内容。

1. 精细化需求描述

当 AI 的回答不够准确时，可能是提示词过于模糊，你的提示词越清晰，对

问题的描述越具体，DeepSeek 才能更准确地解决你遇到的问题。下面是一些精细化需求描述的示例。

示例 1：模糊 vs 具体

不清晰的提示词：

> 写一个机器学习代码示例。

具体的提示词：

> 请用 Python 编写一个使用 scikit-learn 进行分类任务的机器学习代码示例，要求使用决策树 (DecisionTreeClassifier) 在鸢尾花数据集 (Iris dataset) 上训练，并评估准确率。

示例 2：添加背景信息

不清晰的提示词：

> 帮我优化这个 SQL 查询。

具体的提示词：

> 我正在优化一个 SQL 查询，以在 MySQL 数据库上更高效地检索最近 30 天内活跃用户的列表。用户数据存储在 users 表中，活跃日志存储在 activity_logs 表中，字段如下：
> - users (id INT PRIMARY KEY, name VARCHAR(255), email VARCHAR(255), created_at TIMESTAMP)
> - activity_logs (id INT PRIMARY KEY, user_id INT, activity_type VARCHAR(50), timestamp TIMESTAMP)
> activity_logs 表中的 user_id 列有索引，timestamp 列也有索引。users 表的 id 是主键。数据量：users 表约 100 万行，activity_logs 表约 5000 万行。
> 请优化以下 SQL 查询，使其运行更快：
> SELECT DISTINCT users.id, users.name
> FROM users
> JOIN activity_logs ON users.id = activity_logs.user_id
> WHERE activity_logs.timestamp >= NOW() - INTERVAL 30 DAY; "

2. 指定输出格式

示例 1：列表格式

不清晰的提示词：

> 列举 Python 适合的数据分析库。

具体的提示词：

> 请列出 5 个 Python 适用于数据分析的库，并简要介绍它们的功能，格式如下：
> 1. [库名称]：[功能介绍]
> 2. ……

DeepSeek 生成结果示例：

好的，以下是 5 个 Python 中适用于数据分析的核心库及其功能介绍：
Pandas：提供高性能、易用的数据结构（如 DataFrame）和数据分析工具，用于数据清洗、处理、转换、合并和分析结构化数据。
NumPy (Numerical Python)：Python 科学计算的基础包，提供强大的 N 维数组对象、复杂的（广播）函数、线性代数、傅里叶变换和随机数生成等功能。Pandas 等许多库都构建于 NumPy 之上。
Matplotlib：一个基础的 Python 2D 绘图库，能够以多种硬拷贝格式和跨平台的交互式环境生成出版质量级别的图形。用于创建静态、动态和交互式的可视化图表。
Seaborn：基于 Matplotlib 的高级数据可视化库，提供了一个绘制统计图形的高级接口。它使得创建信息丰富且美观的统计图表更加容易。
Scikit-learn：一个功能强大的 Python 机器学习库，包含了各种分类、回归、聚类、降维、模型选择和预处理的工具。非常适合进行预测性数据分析。

示例 2：代码+解释

不清晰的提示词：

写个爬虫代码。

具体的提示词：

请用 Python 编写一个使用 requests 和 BeautifulSoup 爬取网页标题的爬虫，目标 URL（统一资源定位符）是 'https://example.com'，并为代码添加详细的注释以解释每一步的作用。

DeepSeek 生成结果示例：

```
导入所需的库
import requests # 用于发送 HTTP（超文本传输协议）请求，获取网页内容
from bs4 import BeautifulSoup # 用于解析 HTML（超文本标记语言）内容，提取所
                               需信息

定义目标网页的 URL
url = "https://example.com"
try:
# 发送 GET 请求到目标 URL
# requests.get() 会返回一个 Response 对象，其中包含服务器的响应信息
response = requests.get(url)
# 检查请求是否成功（状态码 200 表示成功）
response.raise_for_status()    # 如果请求失败（如 404, 500），这行会抛出异常
# 使用 BeautifulSoup 解析网页的 HTML 内容
# response.text 包含了网页的 HTML 源代码
# 'html.parser' 是 Python 内置的 HTML 解析器，也可以使用 'lxml'（需要安
  装）等其他解析器
soup = BeautifulSoup(response.text, "html.parser")
# 查找网页的 <title> 标签
# soup.title 会返回第一个找到的 <title> 标签对象
title_tag = soup.title
```

```
# 检查是否找到了 <title> 标签
if title_tag:
# .string 属性可以获取标签内的文本内容
title_text = title_tag.string
# 打印提取到的网页标题
print(f"网页标题是：{title_text}")
else:
# 如果网页没有 <title> 标签
print("未找到网页标题标签。")
处理可能发生的请求异常（例如网络问题、URL 错误等）
except requests.exceptions.RequestException as e:
print(f"请求网页时出错：{e}")
处理其他可能的异常（例如解析 HTML 时出错）
except Exception as e:
print(f"处理过程中发生错误：{e}")
```

3. 控制输出的详细程度

有时，我们希望 AI 生成简洁或详细的回答，这可以通过指定详细级别来控制。

DeepSeek 提示词示例：

```
请用 Python 解释 map() 函数的用法，并提供：
1．**简短版**（一句话说明其核心功能）
2．**详细版**（包括其工作原理、参数说明、至少两个不同类型的示例代码和常见的应用场景）
```

DeepSeek 生成结果示例：

```
1．简短版
map() 函数将一个指定的函数应用于一个或多个可迭代对象（如列表、元组）的每一个元素，并返回一个包含结果的迭代器。
2．详细版
工作原理：
map() 函数接收至少两个参数：一个函数 function 和一个或多个可迭代对象 iterable(s)。它会遍历每个可迭代对象中的元素，将这些元素（如果提供了多个可迭代对象，则每次从每个对象中取一个元素组成元组）作为参数传递给 function，然后收集每次函数调用的返回值。最后，map() 返回一个 map 对象，这是一个迭代器，包含了所有这些返回值。你需要将其转换为列表或其他类型才能直接查看所有结果。
参数说明：
map(function, iterable1, iterable2, ...)
function：一个函数对象，将应用于每个元素的函数。
iterable1, iterable2, ...：一个或多个可迭代对象（如 list, tuple, string 等）。如果提供多个可迭代对象，它们的长度应该相同（虽然 map 会在最短的可迭代对象耗尽时停止）。function 需要能接受相应数量的参数。
示例代码 1：应用于单个可迭代对象
# 示例：将列表中的每个数字进行求平方运算
numbers = [1, 2, 3, 4, 5]
```

```python
# 定义一个平方函数
def square(x):
    return x * x
# 使用 map() 将 square 函数应用于 numbers 列表的每个元素
squared_iterator = map(square, numbers)
# map() 返回的是一个迭代器，需要转换为列表才能看到所有结果
squared_numbers = list(squared_iterator)
print(f"原始列表：{numbers}")
print(f"平方后的列表：{squared_numbers}")
# 输出：
# 原始列表：[1, 2, 3, 4, 5]
# 平方后的列表：[1, 4, 9, 16, 25]
# 也可以使用 lambda 函数简化
squared_lambda = list(map(lambda x: x * x, numbers))
print(f"使用 lambda 平方：{squared_lambda}")
# 输出：
# 使用 lambda 平方：[1, 4, 9, 16, 25]
```

示例代码 2：应用于多个可迭代对象

```python
# 示例：将两个列表对应位置的元素相加
list1 = [1, 2, 3]
list2 = [4, 5, 6]
# 定义一个相加函数（或使用 lambda）
def add_elements(x, y):
    return x + y
# 使用 map() 将 add_elements 函数应用于 list1 和 list2 的对应元素
sum_iterator = map(add_elements, list1, list2)
sum_list = list(sum_iterator)
print(f"列表1：{list1}")
print(f"列表2：{list2}")
print(f"对应元素相加后的列表：{sum_list}")
# 输出：
# 列表1：[1, 2, 3]
# 列表2：[4, 5, 6]
# 对应元素相加后的列表：[5, 7, 9]
# 使用 lambda 简化
sum_lambda = list(map(lambda x, y: x + y, list1, list2))
print(f"使用 lambda 相加：{sum_lambda}")
# 输出：
# 使用 lambda 相加：[5, 7, 9]
```

常见应用场景：

数据转换/规范化：对列表中的所有字符串进行小写转换、去除空白，或将所有数字转换为特定格式。

批量计算：对一系列输入值执行相同的数学运算。

特征工程：在机器学习中，对数据集的多个特征列应用相同的转换函数。

结合 filter() 或列表推导式进行更复杂的数据处理。

map() 提供了一种简洁、函数式的编程方式来处理序列数据，通常比显式 for 循环更紧凑，尤其在结合 lambda 函数时。它适用于批量转换数据，如数据清洗、文本处理等场景。

4. 使用多步提示词

有时，我们希望 AI 一步步生成内容，而不是一次性提供完整答案。我们可以使用分步提示来控制 AI 的思考方式。

DeepSeek 提示词示例：

```
请分步骤完成以下任务：
第一步：请解释深度学习中的 dropout 机制是什么，以及它的主要作用。
第二步：请简要介绍如何在 TensorFlow（使用 Keras API）和 PyTorch 中实现 dropout 层。
第三步：请提供一个简单的 Python 代码示例（可以选择 TensorFlow 或 PyTorch），展示如何在构建一个小型神经网络模型时应用 dropout。
请按顺序回答这三个步骤。
```

DeepSeek 生成结果示例：

```
第一步：Dropout 机制及其作用
Dropout 是一种在深度学习神经网络训练过程中使用的正则化（Regularization）技术。
机制：
在每次训练迭代（或每个训练批次）中，Dropout 会随机地将网络中一部分神经元的输出暂时**"丢弃"或设置为零**。这意味着这些被丢弃的神经元在本次前向传播和反向传播中都不会对网络的学习做出贡献。哪些神经元被丢弃是随机决定的，通常每个神经元都有一个预设的概率 p（称为 dropout rate 或丢弃率）被丢弃。
主要作用：
Dropout 的主要目的是防止神经网络过拟合（Overfitting）。过拟合是指模型在训练数据上表现很好，但在未见过的测试数据上表现较差的现象。
Dropout 通过以下方式减轻过拟合：
强制网络学习更鲁棒的特征：由于每次训练时网络结构都在随机变化（因为神经元被随机丢弃），单个神经元不能过分依赖于其他特定神经元的输出。这迫使网络学习到更加分散和冗余的特征表示，从而提高了模型的泛化能力。
模型集成效果（Ensemble Effect）：可以认为每次应用 Dropout 后的网络都是原始网络的一个"稀疏"子网络。在整个训练过程中，模型相当于训练了大量不同的子网络。在测试阶段（或预测时），通常会保留所有神经元（不进行 dropout），但会将它们的输出按 dropout rate p 进行缩放（或者在训练时进行反向缩放，称为 Inverted Dropout），这近似于对所有这些子网络的预测结果进行平均，从而获得类似模型集成的效果，提升性能。
简单来说，Dropout 通过在训练中引入随机性，降低了神经元之间复杂的协同适应关系，使得模型不易过度拟合训练数据的噪声和特性。
第二步：如何实现 Dropout？
```markdown
**第二步：在 TensorFlow (Keras) 和 PyTorch 中实现 Dropout**
在主流的深度学习框架中，实现 Dropout 层通常非常直接：
1.  **TensorFlow（使用 Keras API）**：
    - 在 Keras 中，可以通过 tf.keras.layers.Dropout 类来添加 Dropout 层。
    - 你需要指定 rate 参数，它表示需要丢弃的神经元比例（即前面提到的 dropout rate `p`）。
    - 示例：
    ```python
```

```
import tensorflow as tf
# 添加一个 Dropout 层，丢弃率为 0.5 (50%)
dropout_layer = tf.keras.layers.Dropout(rate=0.5)
```
- 这个层通常添加在需要进行 Dropout 的层（如全连接层或卷积层）的 **后面**。Dropout 只在 **训练阶段** 起作用，在评估或预测阶段会自动失效。
2. **PyTorch**：
   - 在 PyTorch 中，可以通过 torch.nn.Dropout 类来添加 Dropout 层。
   - 你需要指定 p 参数，同样表示丢弃概率。
   - 示例：
   ```python
   import torch
   import torch.nn as nn
   # 添加一个 Dropout 层，丢弃概率为 0.5
   dropout_layer = nn.Dropout(p=0.5)
   ```
   - 与 Keras 类似，这个层也通常放在需要应用 Dropout 的层之后。同样，它只在模型处于 **训练模式** (model.train()) 时生效，在评估模式 (model.eval()) 下会自动禁用。

这两个框架都很好地封装了 Dropout 的实现细节，开发者只需要在模型结构中插入相应的 Dropout 层并设置好丢弃率即可。

第三步：代码示例（PyTorch）

第三步：在 PyTorch 中应用 Dropout 的代码示例

下面是一个使用 PyTorch 构建一个简单的前馈神经网络，并在隐藏层之后应用 Dropout 的例子。假设我们正在处理一个输入特征为 784 维（例如 MNIST 图片展平后），输出为 10 类（数字 0～9）的分类问题。

```python
import torch
import torch.nn as nn
class SimpleNetWithDropout(nn.Module):
    def __init__(self, input_size=784, hidden_size=128, output_size=10, dropout_rate=0.5):
        super(SimpleNetWithDropout, self).__init__()  # 调用父类的构造函数
        # 定义第一个全连接层（输入层 -> 隐藏层）
        self.fc1 = nn.Linear(input_size, hidden_size)
        # 定义 ReLU 激活函数
        self.relu = nn.ReLU()
        # 定义 Dropout 层，设置丢弃率
        self.dropout = nn.Dropout(p=dropout_rate)
        # 定义第二个全连接层（隐藏层 -> 输出层）
        self.fc2 = nn.Linear(hidden_size, output_size)
    def forward(self, x):
        # 定义数据在网络中的前向传播路径
        # 输入数据通过第一个全连接层
        out = self.fc1(x)
        # 应用 ReLU 激活函数
        out = self.relu(out)
```

```python
            # 应用 Dropout 层（只在 model.train() 模式下生效）
            out = self.dropout(out)
            # 通过第二个全连接层得到最终输出
            out = self.fc2(out)
            return out
# --- 如何使用 ---
# 设定模型参数
input_dim = 784
hidden_dim = 128
output_dim = 10
dropout_p = 0.5                                    # 设置丢弃率为 50%
# 创建模型实例
model = SimpleNetWithDropout(input_size=input_dim,
                             hidden_size=hidden_dim,
                             output_size=output_dim,
                             dropout_rate=dropout_p)
# 打印模型结构
print(model)
# 模拟输入数据（例如一个批次包含 64 个样本）
dummy_input = torch.randn(64, input_dim)
# --- 训练阶段 ---
# 将模型设置为训练模式，Dropout 会生效
model.train()
# 进行前向传播
output_train = model(dummy_input)
print("\n训练模式下输出形状:", output_train.shape) # 输出应为 torch.
                                                  Size([64, 10])

# --- 评估/预测阶段 ---
# 将模型设置为评估模式，Dropout 会自动禁用
model.eval()
# 进行前向传播
output_eval = model(dummy_input)
print("评估模式下输出形状:", output_eval.shape) # 输出应为 torch.Size([64, 10])
```

> ⚠️ **注意** 在实际训练中，你还需要定义损失函数和优化器，并进行反向传播和参数更新。这里仅演示了 Dropout 层在模型结构中的位置和如何在不同模式下工作，具体包括如何在神经网络的隐藏层之后插入一个 nn.Dropout 层，并通过 model.train() 和 model.eval() 来控制 Dropout 是否激活。

5. 概念学习模板

无论何时何地，当你遇到不懂的概念、不清楚的操作步骤或是令人头疼的错误时，都可以打开像 DeepSeek Chat（或者我们也强烈推荐的"腾讯混元"等）这

样的 AI 对话工具，尝试使用以下精心设计的提问模板。

DeepSeek 提示词模板：

> 你好！我是一名编程初学者（小白），对【概念名称】这个概念不太理解。你能用尽可能通俗易懂、简单直白的语言向我解释一下它是什么意思吗？如果能结合一些 日常生活中的例子来帮助我理解，那就更好了！谢谢！

DeepSeek 提示词示例：

> 你好！我是一名编程初学者（小白），对 '变量（Variable）' 这个概念不太理解。你能用尽可能通俗易懂、简单直白的语言向我解释一下它是什么意思吗？如果能结合一些日常生活中的例子来帮助我理解，那就更好了！谢谢！

DeepSeek 生成结果示例：

当然可以！让我们用最生活化的方式来理解变量（Variable）这个概念。

🍎 一句话解释变量：

变量就像是一个贴了标签的盒子，你可以往盒子里放东西（数据），并且随时可以打开盒子查看或更换里面的东西。

🏠 生活化比喻：

快递柜
每个快递柜的格子都有编号（变量名）
格子里可以放不同的快递（数据）
比如：

```
格子 A = "一本书"              # 今天放的是书
格子 A = "一双鞋"              # 明天换成鞋
```

虽然内容变了，但格子编号（变量名）始终是格子 A

便利贴
你在冰箱上贴一张便利贴写着"今日菜单"（变量名）
今天写"红烧肉"（数据），明天可以改成"清蒸鱼"
就像：

```
今日菜单 = "红烧肉"
今日菜单 = "清蒸鱼"            # 修改内容
```

钱包里的卡槽
第一个卡槽你贴上"公交卡"的标签（变量名）
今天插的是北京公交卡，明天可以换成上海交通卡（数据）
但卡槽的名字"公交卡"不变

💻 Python 中的具体例子：

```python
# 定义一个变量（贴标签 + 放内容）
手机电量 = 80    # 现在电量是 80%
# 使用变量
print("当前电量：", 手机电量)      # 输出：当前电量：80
# 修改变量（更换盒子里的东西）
手机电量 = 20                    # 电量变成 20%
print("充电前电量：", 手机电量)    # 输出：充电前电量：20
```

> 🔑 **关键特点：**
> 随时可变：就像天气从"晴天"变成"雨天"
> 天气 = "晴天"
> 天气 = "雨天" # 变量内容可以修改
> 名字代表内容：
> 当你听到"冰箱里的牛奶"，就知道指的是具体某瓶牛奶
> 冰箱里的牛奶 = "蒙牛纯牛奶"
> 先定义后使用：
> 就像你要先准备一个空盒子（定义变量），才能往里面放东西
>
> ❓ **新手常见疑问：**
> Q：为什么要用变量？直接写数据不行吗？
> A：想象你要记录全班 50 人的考试成绩：
> 不用变量：每次都要写 print("张三分数：90")、print("李四分数：85")……
> 用变量：只需修改名字，重复使用相同的逻辑
> 学生分数 = 90
> print(学生姓名 + "的分数：", 学生分数)
>
> 🎯 **总结：**
> 变量就是给数据起个名字，方便我们：
> 1. 重复使用
> 2. 随时修改
> 3. 让代码更易读（比如年龄=25 比直接写 25 更清楚）
> 试着在 Python 里玩一玩变量吧！比如模拟一个 "咖啡温度" 变量，观察它从 80℃降到 50℃ 的过程~ ☕

6. 操作指导模板

当你不知道如何完成某个具体的编程操作或软件设置时，可以使用以下模板请求帮助。

DeepSeek 提示词模板：

> 你好！我是一名编程小白，现在遇到了【具体问题描述，例如：想在 Windows 计算机上安装 Python，但不知道怎么做】。
> 你能给我一个"傻瓜式"的、一步一步的操作攻略吗？
> 如果能提供关键步骤的截图示例或者非常详细的文字描述，我会非常感激！

DeepSeek 提示词示例：

> 你好！我是一名编程小白，现在想在我的 Windows 10 计算机上成功安装最新版本的 Python，但完全不知道从何下手。你能给我一个"傻瓜式"的、一步一步的操作攻略吗？如果能提供关键步骤的截图示例或者非常详细的文字描述，我会非常感激！

DeepSeek 生成结果示例：

> 当然可以！以下是一个超详细的"傻瓜式"Python 安装指南，我会用"手把手"的方式带你完成整个过程，就像教朋友一样耐心 😊

📥 **第一步：下载 Python 安装包**

打开浏览器，访问 Python 官方网站：https://www.python.org/downloads/。

你会看到一个大大的黄色按钮 Download Python 3.x.x（版本号可能不同，直接单击它！）

⚠️ 注意：不要单击下面的 Windows x86-64 executable installer 等小字链接，容易选错版本。

⚙️ **第二步：运行安装程序**

双击下载好的安装包（通常在下载文件夹里，文件名类似 python-3.x.x.exe），你会看到这个界面。（两个关键操作！）

✅ 一定要勾选 Add Python 3.x to PATH（这关系到能否在命令行使用 Python）

✅ 单击 Install Now（默认安装最省心）

如果看到安全提示，单击"是"允许安装。

⏳ **第三步：等待安装完成**

你会看到进度条，通常需要 1～3min。喝杯茶等待就好～

安装完成后单击 Close 关闭窗口。

✅ **第四步：验证是否安装成功**

按 <Win + R> 键 打开运行窗口，输入 cmd 然后按 <Enter> 键，
在黑色的命令提示符窗口中输入：

python --version

如果显示 Python 3.x.x（和你下载的版本一致），说明安装成功！🎉

如果报错，可能是没勾选 Add to PATH，需要卸载重装。

🎮 **第五步：第一次运行 Python**

我们来写个经典的小程序：

在命令提示符中输入：

python

你会看到 >>> 提示符，输入：

print("Hello 我是 Python！")

按 <Enter> 键，你会看到程序输出文字！

💡 **常见问题解决**

1. 如果输入 python 提示"不是内部命令"：

卸载 Python 重新安装，务必勾选 Add to PATH，

或手动添加 PATH[⊖]。

2. 安装时卡住不动：

关闭杀毒软件后重试，

确保 C 盘有至少 2GB 空间。

3. 想卸载重装：

选择"控制面板"→"卸载程序"选项，找到 Python，右键卸载。

🎯 **终极确认清单**

完成以下所有项就打钩吧！

从官网下载了 Python

安装时勾选了 Add to PATH

命令行输入 python --version 能显示版本号

成功运行了 print("Hello")

如果遇到任何卡住的地方，随时告诉我你的具体问题，我会继续帮你排查！🤝

(需要更详细的截图或视频演示可以告诉我，我可以补充更多细节。)

⊖ 详细图文教程见 https://realpython.com/add-python-to-path/。——编辑注

结合上述示例,提示词优化点总结如下:
- 明确目标(爬取名言和作者)。
- 指定工具(requests,BeautifulSoup4)。
- 增加约束条件(异常处理、User-Agent)。
- 指定输出格式(字典列表)。
- 细化实现要求(注释、打印结果)。

通过这种更具体、结构化的提示,AI 能够更好地理解你的需求,生成更完整、更健壮、更符合实际应用场景的代码。

7. 优化内容创作任务

如果提示词不够准确,DeepSeek 生成的文章内容可能会泛泛而谈,缺乏深度和具体的论证。例如,原始 DeepSeek 提示词(过于宽泛)。

> 请写一篇关于人工智能未来发展趋势的文章。

DeepSeek 可能的错误表现:
- 文章内容笼统,列举了一些常见趋势,但没有深入分析原因或提供具体案例。
- 缺乏独特的见解和批判性思考。
- 结构可能比较散乱,逻辑不够清晰。

改进后的 DeepSeek 提示词(限定范围、提供指导)如下:

> 请撰写一篇 800 字左右的文章,探讨未来五年人工智能在医疗健康领域的三大关键发展趋势。要求:
> 1. 明确指出并详细阐述这三个关键趋势。
> 2. 对于每个趋势,需要分析其背后的驱动因素(例如技术进步、政策导向、市场需求)。
> 3. 为每个趋势提供至少一个具体的应用案例或潜在的影响。
> 4. 文章结构清晰,包含引言、主体(每个趋势一段落)和结论。
> 5. 语言表达专业且易于理解,避免使用过于模糊或夸张的词汇。
> 6. 请简要讨论这些趋势可能带来的伦理和社会影响。
> 7. 给出一个你认为最重要的挑战以及应对建议。

结合上述示例,提示词优化点总结如下:
- 限定主题和字数(人工智能在医疗健康领域,800 字)。
- 明确输出数量和要求(三大关键趋势,详细阐述,分析驱动因素,具体案例)。
- 规定文章结构(引言、主体、结论)。

- 指导写作风格（专业易懂，避免模糊夸张）。
- 引导思考深度（伦理和社会影响，重要挑战和应对建议）。

通过更精细的指令和明确的要求，AI 将能够生成更聚焦、更深入、更有条理的文章，更符合用户的期望。

> ⚠️ **注意** DeepSeek 是你学习路上的强大伙伴和加速器，但它不能替代你主动思考和动手实践的过程。真正的理解和掌握，来自你亲自编写代码、调试错误、完成项目的经验积累。
>
> 如果遇到困难需要帮助，欢迎添加我们的企业微信服务号"光速财经"。我们有专业的团队为你答疑解惑，与你一起学习，共同解决问题。

2.6 结语

掌握 DeepSeek 的使用方法和提示词技巧，是开启 AI 编程之旅的关键一步。通过本章的学习，你不仅了解了 DeepSeek 的核心能力，还学会了如何像与一位智能助手沟通一样，引导它完成从文本生成到复杂代码编写的各种任务。记住，高质量的提示是释放 AI 潜力的钥匙。不断练习、优化你的提问方式，DeepSeek 将成为你学习和创造过程中不可或缺的强大伙伴。

| 第 3 章 | CHAPTER

轻松准备你的编程环境

本章将指导你通过 DeepSeek、Windsurf 等开始 Python 编程之旅，包括搭建 Python 环境、选择合适的 IDE 以及解决安装过程中可能遇到的问题。通过本章的学习，你将能够在自己的计算机上成功安装 Python 并运行第一个程序。另外本章还将指导你在不同的操作系统（Windows、macOS 和 Linux）上搭建 Python 环境，确保无论你使用什么系统，都能顺利开始编程。DeepSeek 将帮助你解决在安装过程中可能遇到的问题，提供清晰的解决方案。即使你之前从未接触过编程，也能在 DeepSeek 的帮助下轻松完成这些设置步骤。

3.1　本章学习目标

本章的核心目标是为你铺设坚实的起跑线，确保你能顺利地开始 AI 编程之旅。学习本章，你将掌握以下内容或技能：

- ❑ 跨越第一道门槛：成功配置一个基础的 AI 开发环境（包括 Python、必要的库和工具），为所有后续的实践项目扫清技术障碍。
- ❑ 掌握开发工具：了解市面上常见的 AI 编程助手（如 Windsurf）和传统 IDE（如 VS Code，PyCharm）的特点。学会选择并初步使用适合自己的开发工具，从而提高学习和开发的效率。

- 建立信心基础：通过亲手搭建环境，克服对技术的陌生感和恐惧感。初步建立"我能做到"的积极信念，为后续更深入的学习注入动力。
- 解决常见问题：预先了解并掌握环境配置过程中常见问题（如依赖冲突、路径错误、网络问题等）的解决方法。让你在遇到障碍时不再轻易被"卡住"，具备初步的自主排错能力。

3.2 开发环境概述

在开始编程之前，了解并设置合适的开发环境是至关重要的。开发环境不仅仅是安装一些软件，它涉及的方方面面都会影响到编程的效率和质量。让我们从一些基本概念开始，了解什么是开发环境，以及我们为什么需要专门配置开发环境。

3.2.1 什么是开发环境

想象一下，搭建开发环境就像为一位大厨准备他的专属厨房。
- 操作系统：你的厨房空间本身，定义了你工作的基本场所和布局。
- 编程语言：如同你烹饪所需的基础食材（如面粉、鸡蛋、蔬菜），是构建程序的核心原料（如 Python）。
- 开发工具：好比你使用得得心应手的锅碗瓢盆、刀具灶台（如代码编辑器 VS Code、Jupyter Notebook），用于处理食材（编写、运行、调试代码）。
- 代码库与框架：就像你摆满各式香料、酱汁的调料架（如 TensorFlow、PyTorch、Scikit-learn），提供了预制的功能模块和"风味"，能极大丰富你的菜品（程序功能）并加速烹饪（开发）过程。

正如一位优秀的厨师需要一个设备齐全、组织有序、用起来顺手的厨房才能高效地创造出美味佳肴，一位 AI 编程学习者或开发者也需要一个配置得当、稳定可靠的开发环境来顺利地学习、实验和创造。

3.2.2 为什么需要专门配置开发环境

"什么我不能直接在计算机上随便找个地方就开始写代码？为什么要花时间去'配置环境'？"

这是许多初学者心中的疑问。答案其实很简单，配置一个良好的开发环境至关重要，主要基于以下几点核心原因：

1. 标准化与可复现性

- 目标：确保你的代码不仅在你的计算机上能运行，换到任何符合同样配置环境的地方，都能得到一致的运行结果。
- 类比：就像遵循一份精确的烹饪食谱，同样的食材（代码）、同样的厨具（依赖库版本）、同样的步骤（操作系统配置），才能稳定地做出同样美味的菜肴（程序正常运行）。
- 反例：如果没有标准化的环境，你的代码很可能出现"在我计算机上明明是好的"，但在别人那里或部署到服务器时就失败的窘境。

2. 工具支持与效率提升

- 目标：获得现代开发工具提供的各种智能辅助功能，如代码自动补全、语法高亮、实时错误检查、代码格式化等。
- 类比：想象一下开车时的导航系统和驾驶辅助功能，它们不是绝对必需的，但有了它们，你的驾驶过程会更加顺畅、安全、高效。
- 益处：好的开发环境就像给你的编程之旅配备了"智能副驾"，能在你犯错之前及时提醒，甚至帮你自动修正一些常见问题，极大提升开发效率和代码质量。

3. 依赖管理

- 目标：能够轻松地使用和管理由他人开发并分享出来的库和框架，避免重复造轮子。
- 类比：就像现代家具的组装，你不需要从砍树开始制作每一个螺丝和木板，而是可以直接使用设计好的、标准化的模块，快速组装出你想要的家具。
- 反例：如果没有良好的依赖管理机制（如 pip、Conda），你就如同在一个没有超市的世界里做饭，连最基本的盐、糖、酱油都需要自己从头开始提炼，效率极低且容易出错。

4. 版本控制

- 目标：能够系统地跟踪、管理和回溯你的代码在不同时间点的变更历史。
- 类比：这就像写论文时常用的"另存为"操作，但功能远比它强大得多。版本控制系统（如 Git）允许你创建多个开发分支、合并修改，并且可以精确地回到过去的任何一个版本。

- 反例：没有版本控制，你的开发过程就像在沙滩上写字，一旦代码写错、误删，或者被意外情况（如硬盘损坏）"冲走"，就很难恢复到之前的状态，风险极高。

就如同你无法在没有厨房和厨具的情况下烹饪出一桌美食佳肴一样，你也无法在缺乏一个配置得当的开发环境的情况下，进行高效、稳定、可维护的编程工作。配置环境，是为你的编程之旅打下坚实地基的关键一步。

3.3 开发工具的选择

1. "1+1"工具策略：AI 编程的最佳实践

在 AI 赋能的编程新时代，我们强烈推荐采用一种"1+1"的工具组合策略，即一个 AI 驱动的智能 IDE 作为你的主力开发环境，同时保留一个强大的传统代码编辑器作为备用或特定场景下的补充。这种组合能让你既能充分利用 AI 带来的智能辅助与效率提升，又能保持对代码细节的完全掌控力与灵活性。

2. 策略 1：选择一个 AI 驱动的智能 IDE

AI 驱动的智能 IDE 不仅仅是编辑器，还像是你的"超级编程助手"。它能深度理解你的编程意图，主动提供代码生成、问题诊断、重构建议等高级辅助功能。

- 推荐：Windsurf。
- 核心优势：作为全球首个基于 AI Flow 范式构建的智能 IDE，Windsurf 的设计理念使其 AI 能够更深入地理解你的整个代码库上下文和开发意图，而不仅仅是当前代码片段。
- 内置 Cascade AI：其内置的 Cascade AI 助手由顶尖的 Codeium 工程团队研发，在代码理解、生成质量和复杂任务处理上通常表现出色。

> ⚠️ 注意　市面上还有其他优秀的 AI 编程助手或 IDE 插件，如 GitHub Copilot（集成在 VS Code 等）、Cursor 等，可以根据个人偏好和项目需求选择。

3. 策略 2：保留一个传统代码编辑器

强大的传统代码编辑器是你工具箱中的"可靠后盾"。在 AI 工具暂时不可用、网络中断，或者你需要进行极其精细的代码调整、不受 AI 干扰时，它们依然是不可或缺的选择。

- 推荐：Visual Studio Code（VS Code）。
- 核心优势：由微软开发，免费、开源、轻量且高效。拥有极其丰富的插件生态系统，可以通过安装插件（包括 GitHub Copilot 等 AI 插件）来扩展其功能。
- 跨平台与社区：支持 Windows，macOS，Linux 全平台，拥有庞大而活跃的开发者社区，遇到问题很容易找到解决方案。

> ⚠️ 注意　其他优秀的传统编辑器还包括 PyCharm（尤其适合 Python 开发）、Sublime Text、Atom 等。

4. 为什么特别推荐 Windsurf 作为首选 AI IDE

在众多新兴的 AI 编程工具中，Windsurf 展现出一些独特的优势，使其成为我们重点推荐的选择：

- 革命性的 AI Flow 范式：不同于简单的代码补全，它旨在让 AI 真正理解开发流程和上下文，提供更智能、更贴合需求的辅助。
- 强大的 Cascade AI 助手：内置的 AI 引擎在代码理解深度和生成质量上往往表现更佳。
- 无缝集成体验：AI 能力与 IDE 的各项功能（编辑、调试、版本控制等）深度融合，使用体验更自然流畅。
- 全面的语言支持：不仅限于 Python，也支持 JavaScript，Java，Go 等多种主流编程语言。
- 持续更新迭代：由世界级的 AI 研发团队支持，能够快速跟进最新的 AI 技术进展，保持工具的领先性。

5. 为什么推荐 VS Code 作为常用编辑器

VS Code 之所以成为全球开发者的首选之一，并非偶然：

- 免费且开源：不需要任何费用，社区驱动发展。
- 轻量与高效：启动速度快，资源占用相对较少。
- 插件生态无敌：你几乎可以通过安装插件将其定制成任何你想要的开发环境，包括集成各种 AI 能力。
- 跨平台一致性：在不同操作系统上提供统一的开发体验。
- 活跃社区支持：遇到问题时，大量的教程、文档和社区讨论可以提供帮助。

> **注意** 工具终究只是辅助，你脑中的思路、解决问题的方法以及与 AI 有效协作的能力，才是真正的核心竞争力。无论你最终选择哪种组合工具，本书所介绍的 AI 编程思维和实践方法都将同样适用。选择让你感觉最舒适、最高效的工具，然后专注于创造。

3.4 工具的安装与使用流程

在了解了开发环境的基础知识后，接下来我们将详细介绍如何安装和使用 Windsurf AI 编程环境。这一过程包括从注册账号到工具安装以及初步的使用设置，确保你能够顺利使用 Windsurf 进行 AI 编程。

3.4.1 Windsurf 安装指南

以下是安装和初步使用 Windsurf AI 编程环境的步骤。

1. 注册账号

1）访问 Windsurf 官方网站（https://www.windsurf.ai），如图 3-1 所示。

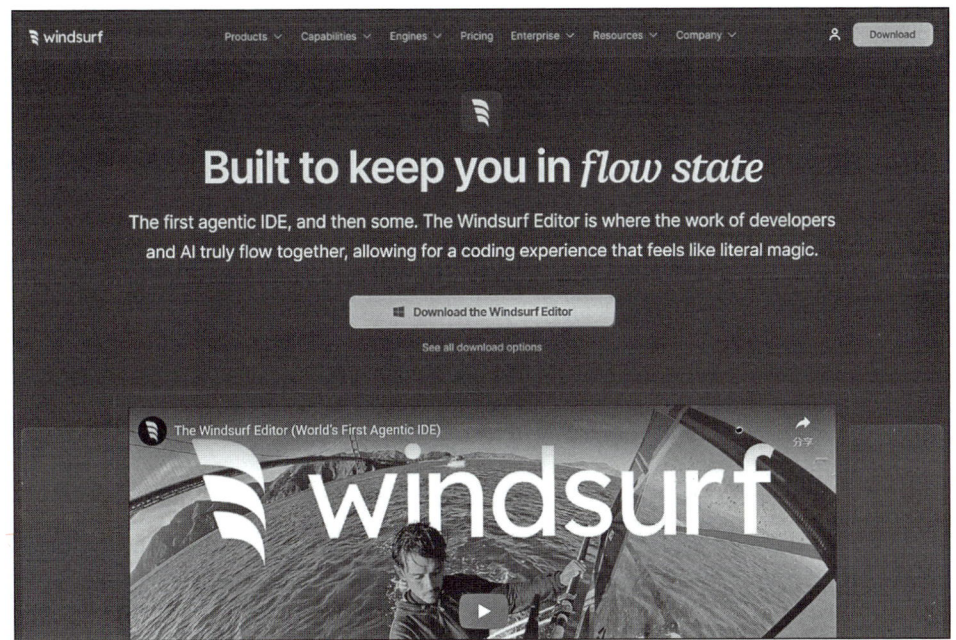

图 3-1 Windsurf 官方网站登录界面

2）在网站首页或指定区域找到并单击 Sign Up 或"注册"按钮，如图 3-2 所示。

3）按照页面提示填写信息，创建你的个人账号。

4）检查你的注册邮箱，单击验证链接以完成账号激活。

> ⚠️ **注意** 某些网络环境可能会限制对 Windsurf 官方网站的直接访问。

- 如遇访问困难：建议尝试使用稳定可靠的特殊网络服务（例如 VPN）。
- 寻求帮助：你也可以联系我们提供的企业微信服务号获取详细的设置和访问指导，或通过搜索引擎查找关于"如何访问特定国际网站"的相关解决方案。

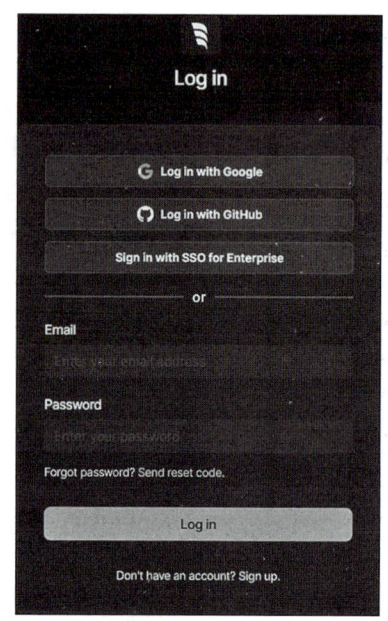

图 3-2 Windsurf 的注册界面

2. 下载与安装

1）使用你刚注册并验证的账号登录 Windsurf 官方网站。

2）在用户后台或下载页面，找到适合当前操作系统（如 Windows、macOS、Linux）的 Windsurf 安装包。

3）单击下载。

4）下载完成后，找到安装包文件并双击运行。

5）遵循安装向导（通常是单击"下一步"或"安装"按钮）完成安装过程，如图 3-3 所示。

3. 首次启动与登录

1）安装完成后，从你的应用程序列表或桌面快捷方式启动 Windsurf。

2）在首次启动时，程序会提示你登录。请输入你之前注册的 Windsurf 账号和密码（如图 3-4 所示）。

第 3 章 轻松准备你的编程环境 ◆ 55

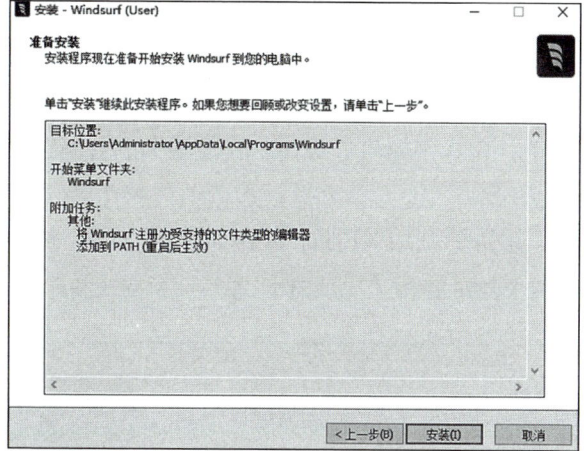

图 3-3 完成 Windsurf 安装界面

注：图中电脑应为计算机。

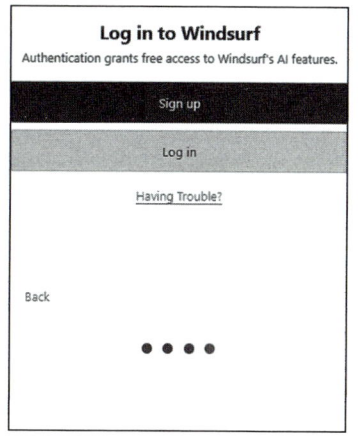

图 3-4 Windsurf 提示登录界面

4. 基本设置

1）个性化界面：浏览设置选项，选择你偏爱的主题（如暗色/亮色模式）和代码字体。

2）AI 助手配置：根据需要调整 AI 助手的响应风格（例如，更简洁或更详细的回答）。

3）自动保存：检查并确认是否启用了代码自动保存功能，以防意外丢失工作。

5. 开始使用

1）创建或打开项目：在 Windsurf 中创建一个新的项目文件夹（New Project）或打开一个你本地已有的代码项目（Open Folder/Project）。

2）激活 AI 助手：在代码编辑区域内，尝试输入斜杠符号 /，通常这会触发 AI 助手或命令面板。

3）实践探索：开始尝试向 AI 助手下达简单的指令，例如，"帮我写一个 Python 函数，计算两个数字的和"，以此来熟悉其交互方式和能力，如图 3-5 所示。

图 3-5 Windsurf 编写代码示例

请按照以上步骤操作。如果在安装或使用过程中遇到任何具体问题，可以参考我们官方文档或寻求社区 / 客服支持。

3.4.2 VS Code 安装与基础配置指南

作为推荐的传统编辑器（或与 AI 插件结合使用），以下是 VS Code 的安装和基础配置步骤：

1. 下载与安装

1）访问 VS Code 官方网站（https://code.visualstudio.com/），如图 3-6 所示。

2）网站通常会自动检测你的操作系统并推荐合适的下载版本。单击下载按钮获取安装包（Windows.exe，macOS.dmg，Linux.deb/.rpm）。

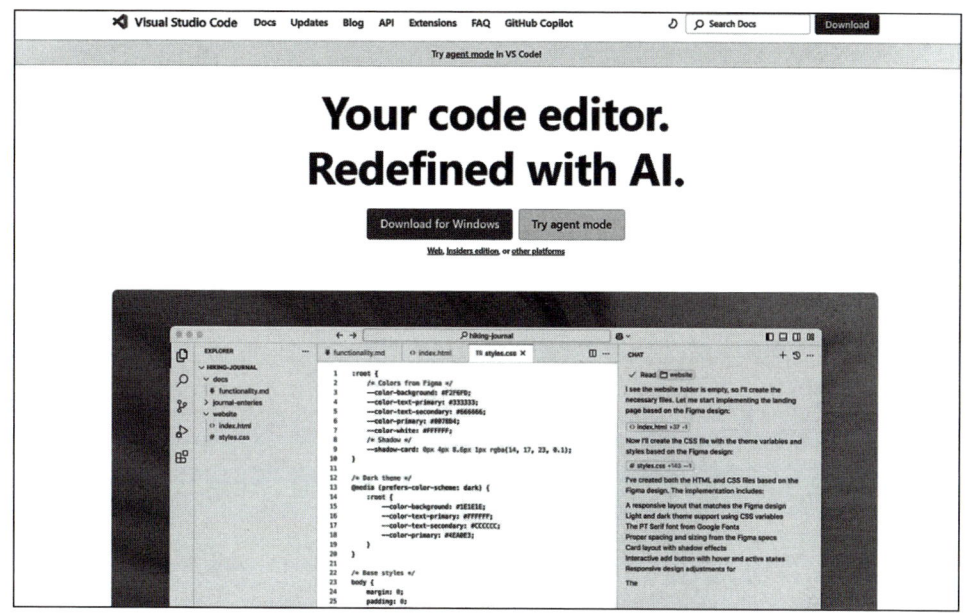

图 3-6　Vs Code 官方网站界面

3）下载完成后，运行安装程序，按照屏幕上的向导提示完成安装（通常保持默认设置即可）。安装核心插件（Extensions）。

4）打开 VS Code，单击左侧活动栏中的扩展图标（通常是四个方块组成的图标）。

5）在搜索框中搜索并安装以下推荐插件：

- Python（by Microsoft）：必装！提供对 Python 语言的全面支持，包括调试、Linting、IntelliSense 等。
- Python Indent：帮助改善 Python 代码的自动缩进，使代码更规范。
- Pylance（by Microsoft）：强大的 Python 语言服务器，提供更快速、更智能的代码补全、类型检查和错误提示。
- （可选）GitHub Copilot：如果你需要强大的 AI 代码补全和建议功能（可能需要订阅），可以安装此插件，如图 3-7 所示。

2. 基础用户设置

1）你可以通过选择"文件"（File）→"首选项"（Preferences）→"设置"（Settings）选项（或使用快捷键〈Ctrl+,〉/〈Cmd+,〉）打开设置界面。

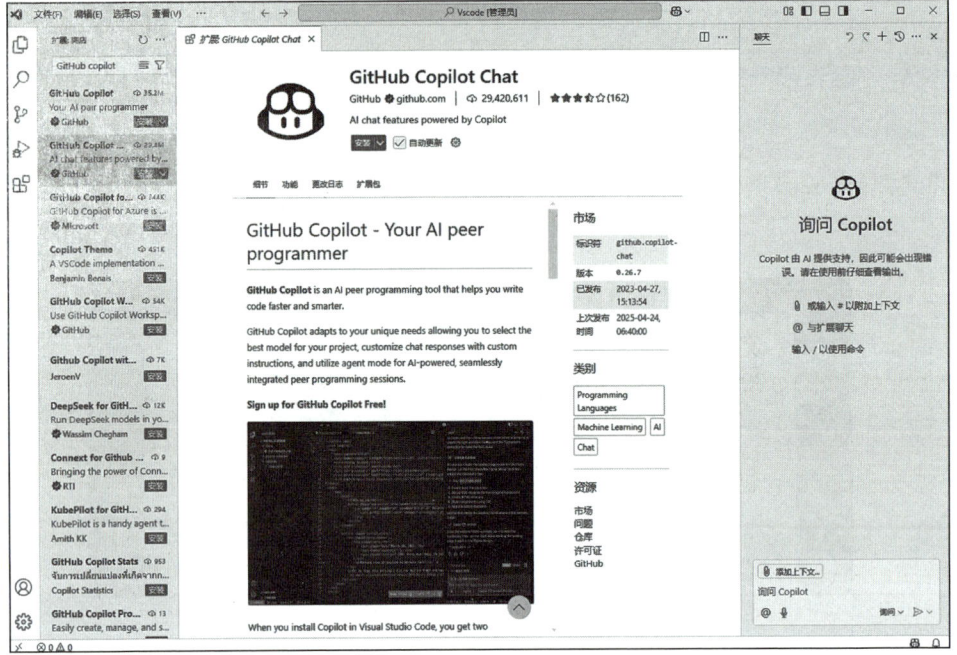

图 3-7　GitHub Copilot 安装界面

2）切换到 JSON 视图（通常右上角有一个 {} 图标）可以直接编辑 settings.json 文件。

3）以下是一些推荐的基础设置，你可以将其复制并粘贴到你的 settings.json 文件中，如图 3-8 所示（如果文件已存在内容，请将其添加到已有的 {} 内）。

```
{
    "editor.fontSize": 14,
    "editor.wordWrap": "on",
    "editor.suggestSelection": "first",
    "editor.formatOnSave": true,
    "python.linting.enabled": true
}
```

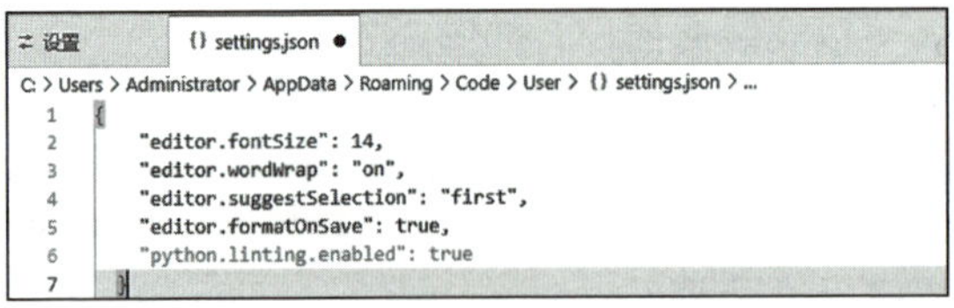

图 3-8　settings.json 文件

3. 配置 Python 解释器

1）确保你的计算机已安装了 Python（推荐使用 Python 3.8 或更高版本）。你可以从 Python 官方网站 https://www.python.org/ 下载安装，如图 3-9 所示。

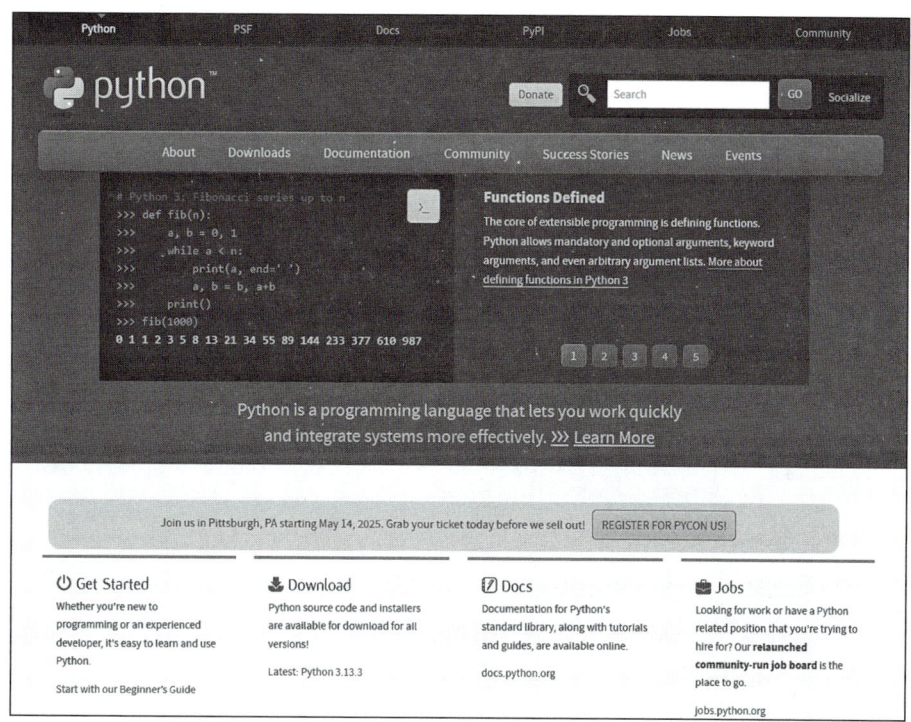

图 3-9　Python 官方网站界面

2）在 VS Code 中选择解释器：

- 打开一个 Python 文件（.py）或一个包含 Python 项目的文件夹。
- 按快捷键〈Ctrl+Shift+P〉（Windows/Linux）或〈Cmd+Shift+P〉（macOS）打开命令面板。
- 输入 "Python: Select Interpreter" 并选择该命令。
- VS Code 会列出它在你系统上找到的所有 Python 环境。选择你希望用于当前项目或工作区的那个 Python 解释器。

完成以上步骤后，你的 VS Code 就基本配置好了，可以开始进行 Python 开发了。记得根据需要探索和安装更多有用的插件来扩展其功能。

3.5 常见问题与解决方案

在使用 Windsurf 的过程中，你可能会遇到一些常见问题。为了帮助你更高效地解决这些问题，下面列出了一些可能出现的情况以及相应的解决方案。

3.5.1 Windsurf 的常见问题与解决方案

以下是一些使用 Windsurf 时可能遇到的问题及其建议的解决方案：

1. 问题：Windsurf 启动后白屏或黑屏

解决方案：

- 检查网络：确保你的网络连接稳定且可以正常访问 Windsurf 所需的服务（可能需要检查特殊网络设置）。
- 重启应用：完全关闭 Windsurf 应用程序，然后重新启动它。
- 清除缓存：在 Windsurf 的设置（Settings）菜单中，查找类似 Clear Cache and Restart 或"清除缓存并重启"的选项，单击执行。

2. 问题：AI 助手不响应或响应缓慢

解决方案：

- 检查网络：确认网络连接通畅，AI 功能通常需要实时在线访问模型服务。
- 优化提示：尝试使用更简洁、清晰、具体的指令或问题。避免过于模糊或冗长的描述。
- 重启应用：关闭并重新打开 Windsurf。
- 检查服务状态：（如果可能）查看 Windsurf 官方渠道是否有关于服务中断或维护的通知。

3. 问题：账号登录失败

解决方案：

- 核对凭证：仔细检查输入的用户名（通常是邮箱）和密码是否完全正确，注意大小写。
- 检查网络环境：确认你的网络设置是否允许访问 Windsurf 的登录服务器。有时特殊网络服务（如 VPN）的配置也可能影响登录。
- 重置密码：如果忘记密码或怀疑密码错误，使用官网提供的"忘记密码"或 Reset Password 功能进行重置。
- 联系客服：如果以上方法都无效，联系 Windsurf 官方客服寻求帮助。

4. 问题：AI 生成的代码质量不佳或不符合预期

解决方案：

- 提供更丰富的上下文：在提问时，尽量提供相关的背景信息、代码片段或更详细的需求描述。AI 理解的上下文越多，生成的代码越可能符合要求。
- 优化提示结构：尝试改变提问的方式，例如使用更明确的动词，指定编程语言，给出示例格式等。可以参考提示工程的技巧。
- 迭代生成：使用 Windsurf 可能提供的 Regenerate、重新生成或类似功能，让 AI 基于相同的提示再次尝试生成，有时会得到更好的结果。
- 分步提问：对于复杂任务，可以将其拆解成多个小步骤，逐一向 AI 提问。

通用建议：保持 Windsurf 应用程序更新到最新版本，通常新版本会修复已知问题并改进性能。

3.5.2　VS Code 的常见问题与解决方案

以下是一些在使用 Visual Studio Code（VS Code）进行 Python 开发时可能遇到的问题及其解决方案：

1. 问题：找不到 Python 解释器

解决方案：

- 确认安装：确保你的计算机上已经正确安装了 Python。可以在终端或命令提示符中输入 python --version 或 python3 --version 来检查。
- 选择解释器：在 VS Code 中，按〈Ctrl+Shift+P〉键（Windows/Linux）或〈Cmd+Shift+P〉键（macOS）打开命令面板，输入并选择 Python: Select Interpreter。
- 手动指定：如果所需的 Python 解释器没有自动出现在列表中，首先选择列表底部的 Enter interpreter path 选项，然后手动浏览并选择你 Python 安装目录下的 python.exe（Windows）或 python / python3（macOS/Linux）文件。

2. 问题：插件安装失败

解决方案：

- 检查网络：确认你的网络连接正常，并且可以访问 VS Code Marketplace。有时网络代理或防火墙设置可能会阻止安装。
- 手动安装：首先访问 VS Code Marketplace 网站，搜索你需要的插件，下

载 .vsix 文件。然后在 VS Code 的插件侧边栏（Extensions view），单击右上角的…图标，选择 Install from VSIX，并选择下载的文件进行安装。
- 重启 VS Code：有时重启 VS Code 就可以解决临时的安装问题。
- 检查权限：确保 VS Code 有权限写入其安装和扩展目录。

3. 问题：代码智能提示不工作或失效
解决方案：
- 安装核心插件：确保你已经安装了官方的 Python 扩展（通常包含了 Pylance 语言服务器）。在插件市场搜索 Python 并安装 Microsoft 发布的那个版本。
- 检查语言服务器：确认 Pylance（或其他你选择的语言服务器）正在运行且没有报错。查看 VS Code 底部状态栏或 Output 面板（选择 Python 或 Pylance 输出）。
- 重新加载窗口：按〈Ctrl+Shift+P〉键（或〈Cmd+Shift+P〉键），输入并选择 Developer: Reload Window。
- 检查项目设置：确保工作区或文件夹的根目录被正确识别，并且 .VS Code/settings.json 中没有错误的配置。

4. 问题：终端中无法运行 Python 命令
解决方案：
- 检查环境变量：最常见的原因是 Python 的安装路径没有被添加到系统的 PATH 环境变量中。
- Windows 配置：

1）右键单击"此电脑"(This PC)，选择"属性"(Properties) 选项。

2）单击"高级系统设置"(Advanced system settings) 按钮。

3）单击"环境变量"(Environment Variables) 按钮。

4）在"系统变量"（System variables）或"用户变量"（User variables for [YourUsername]）下找到 Path 变量，选中并单击"编辑"(Edit) 选项。

5）单击"新建"(New)，添加 Python 的安装路径（例如 C:\\Python39\\）以及其 Scripts 子目录的路径（例如 C:\\Python39\\Scripts\\）。

6）一路单击"确定"按钮保存更改。重启 VS Code 或命令提示符，使更改生效。
- macOS/Linux 配置：

1）打开终端（Terminal）。

2）编辑你的 shell（终端）配置文件，通常是 ~/.bash_profile（Bash）或 ~/.zshrc（Zsh）。例如，使用 nano ~/.zshrc。

3）在文件末尾添加类似 export PATH="/path/to/your/python/bin:$PATH" 的行（请将 /path/to/your/python/bin 替换为实际的 Python bin 目录路径）。可以使用 which python3 来查找路径。

4）保存文件（在 nano 中按〈Ctrl+X〉键，然后按〈Y〉键，再按〈Enter〉键）。

5）执行 source ~/.zshrc（或对应的配置文件）或重新打开终端使更改生效。

> 提示 定期更新 VS Code 和已安装的插件，有助于获得最新的功能和错误修复。

3.6 结语

请记住，成功配置好你的开发环境是每一位开发者——无论新手还是资深专家——都必须经历的"成人礼"。当你顺利跨过这道看似普通却至关重要的门槛时，你实际上已经超越了那 90% 仅仅停留在"有个好想法"阶段的人。

环境配置本身并没有高深的技术难度，它更多考验的是你的耐心和细心。如果你在过程中遇到了报错、兼容性问题或其他障碍，请不要气馁！

- 视其为常态：这是学习过程中极其正常的一部分。
- 视其为机会：解决这些问题的过程本身就是锻炼你排查故障、搜索信息、理解系统运作方式的绝佳机会。每一次成功解决环境问题，都会让你对工具和技术有更深的理解，为你未来的编程之路扫清障碍。

现在，你的"驾驶舱"已经调校完毕，油箱加满（知识储备中）。准备好握紧方向盘（你的键盘和鼠标），踩下油门（开始你的第一个项目），在 AI 编程的广阔道路上，开启你的创造之旅吧！

第 4 章 CHAPTER

用 DeepSeek 学 Python 变量和简单数据类型

在本章中,你将开始探索 Python 编程的基础构建块——变量和简单数据类型。你将学习如何创建和使用变量,这些变量就像存储信息的容器。你还将探索如何处理字符串(文本数据)和数字,以及如何使用注释来让你的代码更易于理解。

DeepSeek 可以帮助你理解相关概念,同时提供清晰的解释和实用的代码示例。当你输入 Python 代码时,DeepSeek 还会帮助你识别不同的部分,并在需要时提供建议和改进。

学习本章后,你将掌握 Python 编程的基本构建块,为后续学习更复杂的概念和结构奠定坚实的基础。即使你没有任何编程经验,也能通过本章的学习轻松入门 Python 编程。

4.1 本章学习目标

本章的核心目标是为你打下坚实的 Python 编程基础,确保你能够轻松掌握编程的基本概念。学习本章,你将掌握以下内容或技能:

❏ 理解基础概念:掌握变量和数据类型这两个 Python 编程的核心构建块,建立对编程逻辑的基本认知,为后续学习奠定基础。

- 掌握文本和数值处理：熟练操作字符串（文本数据）和数字类型，学会基本的数据处理方法，能够实现简单的信息存储和计算功能。
- 提升代码可读性：学会使用注释，了解变量命名规范，编写清晰易懂的代码，培养良好的编程习惯，为团队协作和未来的代码维护做准备。
- 克服初学恐惧：通过动手实践简单的代码示例，建立"我能做到"的信心，消除对编程的陌生感，激发持续学习的动力。
- 解决常见问题：预先了解初学 Python 时常见的语法错误和逻辑问题，掌握识别与修复这些问题的方法，培养基本的调试能力，避免在学习过程中被小问题"卡住"。

4.2　Python 解析器

在开始学习 Python 的变量和数据类型之前，我们需要先了解 Python 解析器的基本工作原理。Python 解析器是 Python 编程环境的核心组件，它负责将我们编写的 Python 代码转换为计算机可以理解和执行的指令。

4.2.1　Python 解析器的工作原理

Python 是一种解释型语言，这意味着 Python 代码在运行时由解析器逐行解释执行，而不是像 C 或 Java 等编译型语言那样先编译成机器码再执行。这种特性使 Python 更加灵活和易于调试，但也会导致执行速度相对较慢。

让我们向 DeepSeek 询问 Python 解析器的工作原理：

用户提问：

请详细解释 Python 解析器的工作原理，以及它与编译型语言的区别。

DeepSeek 回答：

一、**Python 解析器的工作原理**
Python 解析器是将 Python 代码转换为计算机可执行的指令的程序。作为一种解释型语言，Python 的执行过程与编译型语言有显著不同。
二、**Python 解析器的基本工作流程**
1．词法分析：解析器首先将源代码分解成标记（tokens），如关键字、变量名、运算符等。
2．语法分析：将标记组织成语法结构，生成抽象语法树（AST）。
3．编译为字节：Python 解析器将 AST 编译成 Python 字节码，这是一种中间表示形式，类似于机器码但独立于具体硬件。
4．执行字节码：Python 虚拟机（PVM）执行字节码指令。在 CPython（最常用的 Python 实现）中，这一步由 C 语言编写的解释器完成。

三、解释型语言与编译型语言的区别

1. 解释型语言（如 Python）

执行过程：代码在运行时逐行解释执行。

开发周期：写代码→直接运行→调试→修改→运行（快速迭代）。

可移植性：高（只要目标系统有相应的解释器）。

执行速度：通常较慢（因为需要实时解释）。

内存使用：通常较高（需要解释器运行时环境）。

错误检测：运行时发现（动态类型检查）。

2. 编译型语言（如 C/C++）

执行过程：代码先编译成机器码，然后执行。

开发周期：写代码→编译→链接→执行→调试→修改→重新编译（周期较长）。

可移植性：较低（需要针对不同平台重新编译）。

执行速度：通常较快（直接执行机器码）。

内存使用：通常较低（不需要额外的解释环境）。

错误检测：编译时发现大部分错误（静态类型检查）。

四、Python 语言具有的混合特性

实际上，Python 结合了解释型和编译型语言的特点：Python 代码首先被编译成字节码（.pyc 文件），然后字节码由 Python 虚拟机解释执行。这种方式结合了两种语言类型的优点：开发便捷性和一定程度的执行效率。

五、对于不同 Python 语言的实现

CPython：标准实现，用 C 语言编写。

PyPy：使用 JIT（即时编译）技术，执行速度更快。

Jython：在 Java 虚拟机上运行的 Python 实现。

IronPython：在 .NET 平台上运行的 Python 实现。

每种实现都有自己的解释器，但都遵循 Python 语言规范。

4.2.2 交互式执行与脚本执行

Python 提供了两种主要的代码执行方式：交互式执行和脚本执行。

1. 交互式执行

交互式执行（Read-Eval-Print Loop，REPL）允许我们输入 Python 代码并立即看到执行结果，这对于学习和测试代码非常有用。

启动交互式执行的方法如下。

1）打开命令提示符（Windows）或终端（macOS/Linux）。

2）输入 python 或 python3 命令。

3）看到 >>> 提示符后，就可以输入 Python 代码了。

例如：

```python
>>> print("Hello, Python!")
Hello, Python!
>>> 2 + 3
5
```

```
>>> name = "小明"
>>> print(f"你好,{name}!")
你好,小明!
```

2. 脚本执行

对于较长或需要重复执行的代码,我们通常将其保存为 .py 文件(Python 脚本),然后执行整个文件。

启动脚本执行的方法如下。

1)创建一个文本文件,保存为 .py 文件(如 example.py)。

2)在文件中编写 Python 代码。

3)在命令行中使用 python example.py 命令执行脚本。

例如,创建一个名为 calculation.py 的文件,内容如下:

```python
# 这是一个简单的计算脚本
a = 10
b = 20
sum_result = a + b
product = a * b
print(f"{a} + {b} = {sum_result}")
print(f"{a} × {b} = {product}")
```

执行这个脚本,之后便可以在终端中看见 Python 运行后输出的结果了。

```
$ python calculation.py
10 + 20 = 30
10 × 20 = 200
```

4.2.3 使用 DeepSeek 辅助理解 Python 解析器

DeepSeek 可以帮助我们更深入地理解 Python 解析器的工作原理,以及如何有效地使用 Python 的交互式环境和脚本执行。

用户提问:

作为初学者,我应该使用 Python 的交互式执行还是脚本执行方式?它们各有什么优缺点?

DeepSeek 回答:

Python 初学者:交互式执行 vs 脚本执行

作为 Python 初学者，交互式执行和脚本执行各有其优缺点，最好结合使用两者来加速学习过程。

交互式执行的优点

即时反馈：输入代码后立即看到结果，有助于快速理解概念。

探索性学习：可以轻松尝试不同的命令和语法，观察结果。

调试便捷：可以逐步执行代码，检查变量值和状态。

无须保存文件：适合快速测试小段代码。

内置帮助：可以使用 help() 函数获取文档。

交互式执行的缺点

不易保存：代码执行后不会自动保存。

不适合复杂程序：编写和管理大型代码块不方便。

重复执行麻烦：需要重新输入代码或使用上下箭头键查找历史命令。

格式限制：某些依赖缩进的代码结构（如循环、函数）在交互式环境中不太直观。

脚本执行的优点

代码可重用：保存为文件后可以随时执行。

适合复杂程序：可以编写和组织大型程序。

版本控制：可以使用 Git 等工具跟踪代码变化。

模块化：可以将代码分割成多个文件和函数。

IDE 支持：可以利用代码补全、语法高亮等功能。

脚本执行的缺点

反馈周期长：需要保存文件并运行才能看到结果。

调试相对复杂：需要使用 print 语句或调试工具。

初始设置：需要设置编辑器或 IDE。

根据 DeepSeek 的回答，针对初学者，我的建议如下：

1）用交互式执行环境学习基础概念：

❏ 尝试简单的表达式和语句。

❏ 探索数据类型和内置函数。

❏ 测试小段代码片段。

2）转向脚本执行，编写实际项目：

❏ 开始编写简单脚本（5～20 行）。

❏ 逐步增加复杂度。

❏ 学习如何组织和结构化代码。

3）结合使用两种方式：

❏ 在交互式执行环境中测试想法。

❏ 将有效的代码保存到脚本中。

❏ 使用交互式执行环境调试脚本，解决其中的问题。

4）使用 Jupyter Notebook：

❏ Jupyter 结合了两种方法的优点，既允许交互式执行，同时又保存了代码和结果。

❑ 支持添加文档和可视化。

记住,这两种执行方式是互补的,而不是互斥的。你需要根据不同的情况与需求选择合适的方式。

通过 DeepSeek,我们了解了 Python 解析器的基本工作原理,以及如何使用交互式执行和脚本执行这两种方式来运行 Python 代码。这些知识为我们后续学习 Python 的变量和数据类型奠定了基础。在下一节中,我们将开始学习 Python 中的变量,这是存储和管理数据的基本方式。

4.3 变量

变量是编程中最基本的概念之一,它允许我们存储数据并在程序中使用这些数据。在 Python 中,变量的使用非常灵活和直观,这也是 Python 成为对初学者友好的语言的原因之一。

4.3.1 变量的命名和使用

在 Python 中,变量就像是一个标签或名称,它指向存储在计算机内存中的数据。创建变量非常简单,只需要为它指定一个名称并赋值即可。

1. 变量的基本使用

让我们借助 DeepSeek 来快速学习如何创建一个 Python 变量。

用户提问:

```
如何创建一个 Python 变量?
```

DeepSeek 回答:

```python
# 创建一个名为 message 的变量,并赋值为 "Hello Python world!"
message = "Hello Python world!"
print(message)
# 修改变量的值
message = "Hello Python Crash Course world!"
print(message)
```

输出结果:

```
Hello Python world!
```

```
Hello Python Crash Course world!
```

在这个例子中，我们首先创建了一个名为 message 的变量，并将字符串"Hello Python world!"赋值给它。然后，我们使用 print() 函数打印变量的值。接着，我们将变量 message 的值修改为新的字符串，并再次打印出来。

这个例子展示了 Python 变量的一个重要特性：变量的值可以随时更改。

2. 变量命名规则

在 Python 中，变量名必须遵循一定的规则：

1）变量名只能包含字母、数字和下划线。变量名可以以字母或下划线开头，但不能以数字开头。

2）变量名不能包含空格，但可以使用下划线来分隔单词。

3）不要将 Python 关键字和函数名用作变量名，即不要使用 Python 中有特殊用途的保留字（关键字），如 print、if 等。

4）变量名应既简短又具有描述性。

5）变量名区分大小写，即 message 和 Message 是两个不同的变量。

让我们向 DeepSeek 询问更多关于 Python 变量命名的建议。

用户提问：

请提供一些 Python 变量命名的最佳实践和常见约定。

DeepSeek 回答：

```
Python 变量命名的最佳实践和约定
良好的变量命名对于代码的可读性和可维护性至关重要。以下是 Python 变量命名的最佳实践
    和常见约定。
一、基本命名规则
1）使用小写字母：变量名通常使用小写字母。
```python
# 推荐
user_name = "John"
# 不推荐
UserName = "John"
```
2）使用下划线分隔单词（蛇形命名法）。
```python
# 推荐
first_name = "John"
# 不推荐
firstName = "John"   # 驼峰命名法在 Python 中不是常规做法
```
3）避免使用单个字符，除非是在非常简单的上下文中（如循环计数器）。
```

```python
# 可接受（在简单循环中）
for i in range(5):
    print(i)
# 推荐（在更复杂的情况下）
for index in range(5):
    print(index)
```

4）不要以下划线开头，除非有特殊目的。

单下划线前缀（_var）表示变量是供内部使用的，双下划线前缀（__var）用于类的私有属性，双下划线前后缀（__var__）用于特殊方法（魔术方法）。

二、命名约定

变量名应该具有描述性

```python
# 推荐
user_age = 25
# 不推荐
a = 25    # 不清楚这代表什么
```

结合 DeepSeek 的回答，对 Python 中变量的命名规则再补充如下内容。

1）常量使用全大写字母和下划线。

```python
MAX_CONNECTIONS = 100
PI = 3.14159
```

2）布尔变量名通常以 is_、has_、can_ 等开头。

```python
is_valid = True
has_permission = False
can_edit = True
```

3）集合变量名通常使用复数形式。

```python
users = ["Alice", "Bob", "Charlie"]
points = [1, 2, 3, 4]
```

4）函数参数名遵循与变量相同的约定。

```python
def calculate_total(item_prices, tax_rate):
    # 函数体
```

5）避免使用容易混淆的字母。

例如，小写字母"l"和大写字母"O"可能与数字"1"和"0"混淆，导致代码难以阅读。为了避免这种情况，最好选择更清晰、易于区分的字母来命名变量。

3. 实例

下面我们来列举一些良好的变量命名实例；

用户提问：

> 列举一些良好的 Python 变量命名实例。

DeepSeek 回答：

> 良好的变量命名不仅能提高代码的可读性，还能让代码在团队协作中更加清晰和一致。以下是一些遵循 Python 命名规则的实际例子：
>
> ```python
> # 良好的变量命名示例
> user_name = "Alice"           # 使用有意义的变量名，避免歧义
> user_age = 30                 # 变量名简洁且能够准确描述数据含义
> is_active = True              # 布尔变量以 'is_' 开头，便于理解其逻辑
> items_count = 5               # 名词复数形式表示多个对象
> MAX_RETRY_ATTEMPTS = 3        # 常量使用全大写字母，单词间用下划线分隔
>
> # 函数中的良好命名
> def calculate_area(width, height):
>     """
>     计算矩形的面积
>     :param width: 矩形的宽度
>     :param height: 矩形的高度
>     :return: 返回矩形的面积
>     """
>     return width * height
>
> # 循环中的良好命名
> for index, value in enumerate(["a", "b", "c"]):
>     print(f"Item {index}: {value}")
> ```
>
> 遵循这些命名规则有助于保持代码简洁、易于理解，并符合 Python 社区的最佳实践。明确的命名使得代码不仅更具可读性，还能帮助其他开发者快速理解代码的功能与结构，提升代码的可维护性。

4. 变量使用实例

让我们通过一个更复杂的例子来展示变量的使用方法。

用户提问：

如何使用 Python 变量来存储和更新不同类型的数据？

DeepSeek 回答：

在 Python 中，变量用于存储不同类型的数据，这些数据可以是字符串、整数、浮动值、布尔值等。以下是一个更复杂的例子，展示了如何使用变量来存储和更新一个人的各种属性：

```python
# 创建描述一个人的变量
name = "张明"
age = 25
height = 175.5              # 单位：厘米
is_student = True
# 使用这些变量
print(f"姓名：{name}")
print(f"年龄：{age}岁")
print(f"身高：{height}厘米")
print(f"是否学生：{'是' if is_student else '否'}")
# 修改变量值
age = age + 1               # 增加一岁
height = height + 0.5       # 身高增加0.5厘米
# 打印修改后的信息
print(f"\n一年后：")
print(f"姓名：{name}")
print(f"年龄：{age}岁")
print(f"身高：{height}厘米")
```

输出结果：

姓名：张明
年龄：25岁
身高：175.5厘米
是否学生：是

一年后：
姓名：张明
年龄：26岁
身高：176.0厘米

在这个例子中，我们使用了不同的数据类型来描述一个人的不同属性：

❏ name 存储了一个字符串类型的值（"张明"），表示这个人的姓名是张明。

❏ age 存储了一个整数类型的值（25），表示这个人的年龄是25岁。

❏ height 存储了一个浮动类型的值（175.5），表示身高是175.5厘米。

❏ is_student 存储了一个布尔类型的值（True），表示这个人是学生。

通过这些变量，我们不仅能够存储信息，还能够修改数据值。比如，通过

age = age + 1 来修改年龄，并通过 height = height + 0.5 来修改身高，这展示了如何使用 Python 变量在程序中动态管理和更新数据。

通过适当地使用变量，我们可以轻松地操作和更新数据，以便在程序中处理复杂的逻辑。这个简单的例子也表明了良好的命名和数据管理在编程中的重要性。

4.3.2 使用变量时应避免的命名问题

在使用变量时，有一些常见的命名问题需要避免。

1. 避免命名错误

用户提问：

在使用 Python 变量时，应该避免哪些常见的命名问题？

DeepSeek 回答：

命名错误是初学者常见的问题之一。例如：
```python
message = "Hello Python!"
print(mesage)            # 错误：变量名拼写错误
```

这段代码会产生 NameError: name 'mesage' is not defined 错误，因为我们在 print 语句中错误地将 message 拼写为 mesage。Python 会提示找不到名为 mesage 的变量。

根据 DeepSeek 的回答，我的建议是：在编写代码的过程中使用 DeepSeek 的拼写检查功能，该功能可以自动检测变量名拼写错误并进行修复，避免这类简单的命名失误。

2. 避免使用 Python 关键字

Python 关键字是 Python 语言的保留字，不能用作变量名。例如：

```python
class = "Python编程"     # 错误：class是Python关键字
```

避免使用 Python 的保留字作为变量名。你可以让 DeepSeek 进行关键字检查，及时发现并修正这类问题。

3. 避免变量名冲突

避免使用与 Python 内置函数同名的变量名，这可能导致意外的行为。

```python
# 不推荐
sum = 10 + 20
print(sum)                    # 输出：30

# 现在 sum 不再是函数，而是变量
numbers = [1, 2, 3]
# print(sum(numbers))    # 这会产生错误，因为 sum 现在是整数 30，不是函数
```

这里，sum 被用作变量名，覆盖了 Python 内置的 sum() 函数，导致后续调用该函数时发生错误。

我们应避免使用 Python 内置函数名或其他常见库函数名作为变量名。使用更具描述性的变量名，确保不会与内置函数或类发生冲突。

4. 避免使用无意义的变量名

变量名应该清晰地表达其用途，避免使用无意义的名称：

```python
# 不推荐
a = 10
b = 20
c = a + b

# 推荐
length = 10
width = 20
area = length * width
```

其中，length、width 和 area 这样的命名能够清晰地表达变量的含义，而 a、b 和 c 则缺乏描述性，很难让阅读代码的人一眼看出它们的用途。

4.3.3　使用 DeepSeek 解决变量命名问题

当遇到变量命名问题时，DeepSeek 可以帮助我们解决这些问题。

用户提问：

> 我的代码出现了错误：NameError: name 'mesage' is not defined。这是什么意思？

DeepSeek 回答：

> 解决 NameError: name 'mesage' is not defined
> 这个错误是 Python 中最常见的错误之一，表示你尝试使用一个未定义的变量。具体来说，Python 找不到名为 'mesage' 的变量。

> **错误原因**
> 这种错误通常有以下几种可能的原因：
> **拼写错误**：最常见的原因是变量名拼写错误。例如，你可能定义了 message 但使用时写成了 mesage（少了一个 's'）。
> **变量未定义**：你尝试使用的变量之前没有被赋值。
> **变量作用域问题**：变量在当前作用域不可见（比如在函数外部定义但尝试在函数内部使用，而没有正确传递）。
> **大小写错误**：Python 变量名区分大小写，所以 Message 和 message 是两个不同的变量。

根据 DeepSeek 的回答，下面提供一些修复步骤。

1. 检查拼写

仔细检查你的代码，查找变量名的拼写错误。特别注意错误信息中提到的变量名 mesage，它可能应该是 message。下面是 Python 代码相关示例：

```python
# 错误代码
message = "Hello, World!"
print(mesage)                   # 错误：mesage 拼写错误
# 修复后的代码
message = "Hello, World!"
print(message)                  # 正确：拼写一致
```

2. 确保变量已定义

在使用变量之前，要确保已经定义了它。

```python
# 错误代码
print(mesage)                   # 错误：变量未定义

# 修复后的代码
mesage = "Hello, World!"        # 先定义
print(mesage)                   # 再使用
```

3. 检查变量作用域

如果在函数中使用变量，确保该变量在函数内部已定义或已作为参数传入。

```python
# 错误代码
def greet():
    print(message)              # 错误：message 在函数内部未定义
# 修复方法 1：将变量作为参数传入
def greet(message):
```

```
    print(message)
# 修复方法 2：在函数内部定义变量
def greet():
    message = "Hello, World!"
    print(message)
# 修复方法 3：使用全局变量（不推荐，除非必要）
message = "Hello, World!"
def greet():
    global message
    print(message)
```

4. 检查大小写

确保变量名的大小写一致。

```python
# 错误代码
Message = "Hello, World!"
print(message)    # 错误：大小写不匹配

# 修复后的代码
Message = "Hello, World!"
print(Message)    # 正确：大小写匹配
```

5. 使用 IDE 或编辑器

现代 IDE 和代码编辑器（如 VS Code、PyCharm）通常会在你输入代码时高亮显示未定义的变量，这可以帮助你在运行代码前发现这类错误。

6. 使用变量命名约定

遵循 Python 的命名约定可以减少拼写错误：

1）使用有意义的名称。

2）使用小写字母和下划线（snake_case）。

3）避免使用容易混淆的名称。

7. 预防措施

为了避免变量命名错误，可以采取以下预防措施：

❏ 使用一致的命名风格。

❏ 在使用变量前确保它已被定义。

❏ 使用支持语法检查的编辑器。

❏ 在复杂程序中，考虑使用类型提示（Python 3.5+）。

通过 DeepSeek，我们了解了 Python 变量的基本概念、命名规则以及如何避免常见的变量命名问题以及如何去修复这些错误。变量是 Python 编程的基础，掌握它们的使用对于后续学习至关重要。在下一节中，我们将学习 Python 中的字符串，这是处理文本数据的基本方式。

4.4 字符串

字符串是 Python 中最常用的数据类型之一，用于表示文本数据。在 Python 中，字符串是由引号括起来的一系列字符。Python 允许使用单引号（'）或双引号（"）来表示字符串，这提供了很大的灵活性。

4.4.1 修改字符串的大小写

Python 提供了多种方法来修改字符串的大小写。这些方法不会改变原始字符串，而是返回一个新的修改后的字符串。

1. title() 方法

title() 方法将字符串中每个单词的首字母改为大写，其他字母改为小写。

```python
name = "ada lovelace"
print(name.title())   # 输出：Ada Lovelace
```

2. upper() 方法

upper() 方法将字符串中的所有字母都改为大写。

```python
name = "Ada Lovelace"
print(name.upper())   # 输出：ADA LOVELACE
```

3. lower() 方法

lower() 方法将字符串中的所有字母都改为小写。

```python
name = "Ada Lovelace"
print(name.lower())   # 输出：ada lovelace
```

lower() 方法在存储数据时特别有用。很多时候，我们不能依赖用户提供的大小写是正确的，因此最好将字符串转换为小写再存储。

让我们向 DeepSeek 询问更多关于字符串大小写的处理方法。

用户提问：

Python 中除了 title()、upper() 和 lower() 外，还有哪些处理字符串大小写的方法？它们各有什么用途？

DeepSeek 回答：

Python 字符串大小写处理方法全解析
　　除了 title()、upper() 和 lower() 外，Python 还提供了多种处理字符串大小写的方法。以下是完整列表及其用途：
一、基本大小写转换方法
1）capitalize()：将字符串的第一个字符转换为大写，其余字符转换为小写。
```python
text = "hello WORLD"
print(text.capitalize())        # 输出："Hello world"
```
2）swapcase()：将字符串中的大写字符转换为小写，小写字符转换为大写。
```python
text = "Hello World"
print(text.swapcase())          # 输出："hELLO wORLD"
```
3）casefold()：类似于 lower()，但更强大，可以处理更多语言的特殊大小写规则。
```python
text = "Großes ß"               # 德语中的特殊字符
print(text.lower())             # 输出："großes ß"
print(text.casefold())          # 输出："grosses ss"
```
二、检查大小写的方法
1）islower()：检查字符串中的所有字母是否都是小写。
```python
print("hello world".islower())  # 输出：True
print("Hello world".islower())  # 输出：False
```
2）isupper()：检查字符串中的所有字母是否都是大写。
```python
print("HELLO WORLD".isupper())  # 输出：True
print("HELLO world".isupper())  # 输出：False
```
3）istitle()：检查字符串是否符合标题格式（每个单词的首字母大写）。
```python
print("Hello World".istitle())  # 输出：True
print("Hello world".istitle())  # 输出：False
```

现在我们结合 DeepSeek 的回答，进行补充和完善。

4. 其他相关检查方法

1）isalpha()：检查字符串是否只包含字母（不包含数字、空格等）。

```python
print("HelloWorld".isalpha())      # 输出：True
print("Hello World".isalpha())     # 输出：False（包含空格）
```

2）isalnum()：检查字符串是否只包含字母和数字。

```python
print("Hello123".isalnum())        # 输出：True
print("Hello 123".isalnum())       # 输出：False（包含空格）
```

3）isdigit()、isnumeric()、isdecimal()：检查字符串是否只包含数字。

```python
print("12345".isdigit())           # 输出：True
print("12.34".isdigit())           # 输出：False（包含小数点）
```

5. 各方法的实际应用场景

1）title()：

❏ 格式化人名、地名、书名等专有名词。

❏ 例如，将用户输入的姓名格式化为标准格式。

2）upper()：

❏ 显示警告或错误消息。

❏ 处理不区分大小写的比较（先转换为大写再比较）。

❏ 处理固定格式的代码（如 HTML 标签）。

3）lower()：

❏ 存储用户输入（如电子邮件地址）。

❏ 不区分大小写的搜索和比较。

4）capitalize()：

❏ 格式化句子（使句子的第一个字母大写）。

❏ 处理用户输入的句子。

5）swapcase()：

❏ 特殊文本效果。

- 反转大小写以突出显示。

6）casefold()：

- 国际化应用中的不区分大小写比较。
- 处理多语言文本。

7）检查方法（islower()、isupper()等）：

- 验证用户输入。
- 确保密码复杂性（例如，要求包含大小写字母）。
- 条件格式化。

6. 使用示例

下面是使用的综合应用示例和代码测试。

```python
def validate_username(username):
    """验证用户名是否有效"""
    if not username.isalnum():
        return False, "用户名只能包含字母和数字"

    return True, "用户名有效"

def format_name(first_name, last_name):
    """格式化姓名"""
    return f"{first_name.title()} {last_name.title()}"

def is_password_strong(password):
    """检查密码强度"""
    has_lower = any(char.islower() for char in password)
    has_upper = any(char.isupper() for char in password)
    has_digit = any(char.isdigit() for char in password)

    return has_lower and has_upper and has_digit

# 测试
print(validate_username("john_doe"))           # (False, '用户名只能包含
                                               #  字母和数字')
print(format_name("john", "doe"))              # 'John Doe'
print(is_password_strong("Password123"))       # True
```

这些字符串方法使Python成为处理文本数据的强大工具，无论是简单的格式化还是复杂的文本处理。
```
```

4.4.2 合并（拼接）字符串

在 Python 中，可以使用加号（+）来合并（拼接）字符串。

```python
first_name = "ada"
last_name = "lovelace"
full_name = first_name + " " + last_name
print(full_name)          # 输出：ada lovelace
```

我们还可以使用这种合并方式来创建更复杂的消息。

```python
first_name = "ada"
last_name = "lovelace"
full_name = first_name + " " + last_name
message = "Hello, " + full_name.title() + "!"
print(message)            # 输出：Hello, Ada Lovelace!
```

另外 Python 3.6 及更高版本引入了 f 字符串（格式化字符串），这是一种更简洁的字符串格式化方式。f 字符串以字母 f 开头，花括号 {} 中可以放置变量名或表达式。

```python
first_name = "ada"
last_name = "lovelace"
full_name = f"{first_name} {last_name}"
print(full_name)          # 输出：ada lovelace

message = f"Hello, {full_name.title()}!"
print(message)            # 输出：Hello, Ada Lovelace!
```

f 字符串使得字符串格式化更加简洁和直观，是 Python 中推荐的字符串格式化方式。

4.4.3 使用制表符或换行符来添加空白

在字符串中，空白是指空格、制表符和换行符等不可见的字符。Python 提供了特殊的字符序列来表示这些空白。

1. 制表符

制表符用 \t 表示，可以在文本中添加水平空白。

```python
print("Python")
print("\tPython")
```

输出结果:

```
Python
    Python
```

2. 换行符

换行符用 \n 表示,可以在字符串中添加换行。

```python
print("Languages:\nPython\nC\nJavaScript")
```

输出结果:

```
Languages:
Python
C
JavaScript
```

3. 组合使用

制表符和换行符可以组合使用。

```python
print("Languages:\n\tPython\n\tC\n\tJavaScript")
```

输出结果:

```
Languages:
    Python
    C
    JavaScript
```

4.4.4 删除空白

在处理用户输入或从文件读取数据时,字符串可能包含不需要的空白。Python

提供了几种方法来删除字符串中的空白。

1. rstrip() 方法

rstrip() 方法删除字符串末尾的空白。

```python
favorite_language = "python "
print(favorite_language.rstrip())      # 输出：'python'
```

2. lstrip() 方法

lstrip() 方法删除字符串开头的空白。

```python
favorite_language = " python"
print(favorite_language.lstrip())      # 输出：'python'
```

3. strip() 方法

strip() 方法同时删除字符串两端的空白。

```python
favorite_language = " python "
print(favorite_language.strip())       # 输出：'python'
```

这些方法在处理用户输入时特别有用，因为用户可能会不小心输入额外的空格。

4.4.5 字符串的高级用法

在操作字符串时，有一些高级用法可以大幅提升效率。下面，我们将介绍 Python 字符串的一些进阶技巧。

1. 转义字符

如果字符串中包含引号，可以使用反斜杠（\）来转义它们。

```python
message = "The language \"Python\" is named after Monty Python."
print(message)  # 输出：The language "Python" is named after Monty Python.
```

常见的转义字符包括：

- \\': 单引号
- \\": 双引号
- \\\\: 反斜杠
- \\n: 换行符
- \\t: 制表符

让我们向 DeepSeek 询问更多关于 Python 字符串的高级用法。

用户提问：

请介绍 Python 字符串的一些高级用法和技巧，特别是在处理复杂文本时有用的方法。

DeepSeek 回答：

```
Python 字符串高级用法与技巧
Python 提供了丰富的字符串处理功能，以下是一些高级用法和技巧，特别适用于处理复杂文本。
F- 字符串的高级用法 (Python 3.6+)
```python
# 在 f- 字符串中使用表达式
x = 10
y = 5
print(f"{x} + {y} = {x + y}")          # 输出: 10 + 5 = 1
# 格式化数字
price = 1234.5678
print(f"价格: ${price:.2f}")           # 输出: 价格: $1234.57
# 对齐文本
name = "张三"
score = 95
print(f"{name:10} - {score:<5}")       # 输出: "张三       - 95   "
print(f"{name:>10} - {score:>5}")      # 输出: "      张三 -    95"
print(f"{name:^10} - {score:^5}")      # 输出: "   张三    -  95  "

# 使用千位分隔符
large_num = 1234567890
print(f"{large_num:,}")                # 输出: 1,234,567,890
# 二进制、八进制、十六进制表示
num = 42
print(f"{num:b}")                      # 二进制: 101010
print(f"{num:o}")                      # 八进制: 52
print(f"{num:x}")                      # 十六进制: 2a
print(f"{num:X}")                      # 大写十六进制: 2A
# 日期格式化
from datetime import datetime
now = datetime.now()
print(f"{now:%Y-%m-%d %H:%M:%S}")      # 输出: 2023-05-15 14:30:45
```
```

格式化字符串的旧方法
```python
# str.format() 方法
print("{} + {} = {}".format(x, y, x + y))
print("{name} 得了 {score} 分 ".format(name="李四", score=98))
# % 操作符（类似C语言的printf）
print("%s 得了 %d 分" % ("王五", 92))
```

2. 字符串的分割与合并

字符串的分割和合并是处理文本数据最常见的操作之一。Python 提供了几种强大的方法来实现这些功能，让我们能够轻松地将文本拆分为多个部分或将多个字符串组合成一个整体。

```python
# 分割字符串
text = "Python,Java,C++,JavaScript"
languages = text.split(",")  # ['Python', 'Java', 'C++', 'JavaScript']

# 限制分割次数
text = "a-b-c-d-e"
parts = text.split("-", 2)  # ['a', 'b', 'c-d-e']
# 按多个分隔符分割（使用正则表达式）
import re
text = "Python;Java,C++:JavaScript"
languages = re.split("[;,:]", text)  # ['Python', 'Java', 'C++',
                                     #  'JavaScript']
# 合并字符串
languages = ["Python", "Java", "C++", "JavaScript"]
text = ", ".join(languages)  # "Python, Java, C++, JavaScript"
# 合并路径（跨平台）
import os
path = os.path.join("usr", "local", "bin")  # "usr/local/bin" 或
                                            # "usr\\local\\bin"
```

3. 字符串的查找与替换

以下代码展示了在 Python 中进行字符串查找和替换的多种方法，这些操作在文本处理、数据分析和内容转换中非常常见。

```python
# 查找子字符串
text = "Python is amazing and Python is easy to learn"
position = text.find("Python")        # 0（第一次出现的位置）
```

```
position = text.find("Python", 10)    # 21 (从索引10开始查找)
position = text.find("Java")          # -1 (未找到)
# 计数
count = text.count("Python")          # 2
# 检查开头和结尾
filename = "document.txt"
print(filename.startswith("doc"))     # True
print(filename.endswith(".txt"))      # Tru
# 替换
new_text = text.replace("Python", "JavaScript")
# "JavaScript is amazing and JavaScript is easy to learn"
# 替换指定次数
new_text = text.replace("Python", "JavaScript", 1)
# "JavaScript is amazing and Python is easy to learn"
# 使用正则表达式进行复杂替换
import re
text = "My phone numbers are 123-456-7890 and 098-765-4321"
pattern = r"\d{3}-\d{3}-\d{4}"
new_text = re.sub(pattern, "XXX-XXX-XXXX", text)
# "My phone numbers are XXX-XXX-XXXX and XXX-XXX-XXXX"
```

4. 多行字符串的处理

下面的代码展示了Python中多行字符处理的方法。这些方法允许我们在字符串中查找特定内容、统计出现次数、检查字符串的开头和结尾，以及替换字符串的部分内容。

```python
# 三引号字符串
multiline = """这是第一行
这是第二行
这是第三行"""
# 去除每行前后的空白
lines = [line.strip() for line in multiline.splitlines()]
# 文本对齐
import textwrap
wrapped = textwrap.fill(long_text, width=40)   # 将文本按40字符宽度换行
# 去除共同的前导空白(对于代码示例很有用)
code = textwrap.dedent("""
    def hello():
        print("Hello, World!")
        return True
""")
```

5. 字符串的转换与编码

以下代码演示了 Python 中字符串与其他数据类型之间的转换，以及字符串编码与解码的基本操作。

```python
# 字符串与其他数据类型的转换
num_str = str(42)                    # "42"
num = int("42")                      # 42
float_num = float("3.14")            # 3.14
# 字符与ASCII码转换
char_code = ord('A')                 # 65
char = chr(65)                       # 'A'
# 编码与解码
text = "你好, 世界"
encoded = text.encode("utf-8")       # b'\xe4\xbd\xa0\xe5\xa5\xbd\xef\
                                       xbc\x8c\xe4\xb8\x96\xe7\x95\x8c'
decoded = encoded.decode("utf-8")    # "你好, 世界"
```

6. 字符串的验证与过滤

下面的代码演示了在 Python 中如何验证字符串内容和过滤字符串。这些技术常用于表单验证、数据清洗和文本处理等场景。

```python
# 验证字符串内容
password = "Passw0rd!"
has_upper = any(c.isupper() for c in password)
has_digit = any(c.isdigit() for c in password)
has_special = any(not c.isalnum() for c in password)
# 过滤字符串
digits_only = ''.join(c for c in "abc123def456" if c.isdigit())
    # "123456"
letters_only = ''.join(c for c in "abc123def456" if c.isalpha())
    # "abcdef"
# 转换表（用于批量字符替换）
from string import maketrans
trans_table = str.maketrans("aeiou", "12345")
new_text = "hello world".translate(trans_table)    # "h2ll4 w4rld"
```

7. 字符串的插值与模板

以下代码展示了 Python 中使用模板进行字符串插值的方法。这种技术在需要动态生成文本时非常有用。

```python
# 字符串模板
from string import Template
t = Template("$name 今年 $age 岁")
s = t.substitute(name="张三", age=25)   # "张三 今年 25 岁"
# 安全的模板替换（缺少键时不会报错）
s = t.safe_substitute(name="张三")        # "张三 今年 $age 岁"
```

8. 实际应用示例

（1）解析 CSV 数据

```python
csv_data = "name,age,city\nAlice,25,Beijing\nBob,30,Shanghai"
lines = csv_data.strip().split('\n')
headers = lines[0].split(',')
result = []

for line in lines[1:]:
    values = line.split(',')
    person = dict(zip(headers, values))
    result.append(person)

print(result)  # [{'name': 'Alice', 'age': '25', 'city': 'Beijing'}, ...]
```

提取文本中的所有 URL
```python
import re
text = "Visit our website at https://example.com or http://test.org for more info."
urls = re.findall(r'https?://[^\s]+', text)
print(urls)  # ['https://example.com', 'http://test.org']
```

（2）格式化表格数据

```python
data = [
    ["Name", "Age", "City"],
    ["Alice", "25", "Beijing"],
    ["Bob", "30", "Shanghai"],
    ["Charlie", "35", "Guangzhou"]
]
for row in data:
    print(f"{row[0]:<10} {row[1]:^5} {row[2]:>10}")
```

这些高级字符串技巧可以帮助你更有效地处理复杂的文本数据，无论是数据清洗、文本分析还是生成格式化报告。

通过 DeepSeek，我们了解了 Python 字符串的基本概念和操作，包括修改大小写、合并字符串、添加和删除空白，以及常见的语法错误。字符串是 Python 编程中最常用的数据类型之一，掌握它对于后续学习至关重要。在下一节中，我们将学习 Python 中的数字类型，包括整数和浮点数。

4.5 数字

Python 中的数字主要有两种类型：整数和浮点数。Python 支持各种数学运算，使得处理数值数据变得简单直观。

4.5.1 整数

整数是没有小数部分的数字，可以是正数、负数或零。在 Python 中，整数的长度没有限制，可以根据需要增长到任意大小。

```python
# 整数示例
age = 23
population = 7_800_000_000    # 使用下划线使大数字更易读
negative_number = -42
zero = 0
```

Python 支持所有基本的数学运算。

```python
# 基本数学运算
print(2 + 3)         # 加法: 5
print(3 - 2)         # 减法: 1
print(2 * 3)         # 乘法: 6
print(3 / 2)         # 除法: 1.5（注意结果是浮点数）
print(3 // 2)        # 整数除法: 1（结果是整数，舍弃小数部分）
print(3 % 2)         # 取模（余数）: 1
print(3 ** 2)        # 乘方: 9（3 的 2 次方）
```

Python 还支持运算顺序遵循数学中的标准规则（括号、乘方、乘除、加减）。

```python
```

```
print(2 + 3 * 4)                    # 14（先乘法后加法）
print((2 + 3) * 4)                  # 20（括号内先计算）
```

让我们向 DeepSeek 询问更多关于 Python 整数的信息。

用户提问：

Python 中整数有哪些特殊的用法和限制？如何处理非常大的整数？

DeepSeek 回答：

Python 整数的特殊用法与处理大整数

Python 的整数处理能力非常强大，与许多其他编程语言相比有一些独特的特性。

一、Python 整数的特点

1）无限精度：Python 整数可以无限增长，只受限于可用内存。

```python
# 计算一个非常大的数
result = 2 ** 1000
print(result)    # 10715086071862673209484250490600018105614048117
                   055336...
print(len(str(result)))             # 302 位数字
```

2）不同进制表示。

```python
# 二进制（以 0b 开头）
binary = 0b1010                     # 等于十进制的 10
# 八进制（以 0o 开头）
octal = 0o12                        # 等于十进制的 10
# 十六进制（以 0x 开头）
hexadecimal = 0xA                   # 等于十进制的 10

print(binary, octal, hexadecimal)   # 10 10 10
```

3）数字分隔符（Python 3.6+）。

```python
# 使用下划线使大数字更易读
billion = 1_000_000_000
binary_million = 0b_1111_0100_0010_0100_0000
```

二、处理大整数

Python 自动处理大整数，不需要特殊的库或数据类型。

```python
# 计算大数的阶乘
def factorial(n):
    if n == 0 or n == 1:
        return 1
    else:
        return n * factorial(n-1)
```

```
# 计算100的阶乘
fact_100 = factorial(100)
print(f"100的阶乘有{len(str(fact_100))}位数字")  # 158位数字
```

三、整数相关的内置函数

1) abs()：返回绝对值。
```python
print(abs(-42))                            # 42
```

2) pow()：计算幂。
```python
print(pow(2, 10))                          # 1024（2的10次方）
print(pow(2, 10, 17))                      # 4（2的10次方对17取模）
```

3) round()：四舍五入（虽然主要用于浮点数，但也可用于整数）。
```python
print(round(42, -1))                       # 40（四舍五入到最接近的10的倍数）
```

4) divmod()：同时返回商和余数。
```python
quotient, remainder = divmod(17, 5)
print(quotient, remainder)                 # 3 2
```

现在我们结合 DeepSeek 的回答进行补充。

1. 位运算

Python 支持整数的位运算。

```python
a = 60                                     # 二进制：0011 1100
b = 13                                     # 二进制：0000 1101
# 按位与
print(a & b)                               # 12 (0000 1100)
# 按位或
print(a | b)                               # 61 (0011 1101)
# 按位异或
print(a ^ b)                               # 49 (0011 0001)
# 按位取反
print(~a)                                  # -61 (1100 0011)
# 左移
print(a << 2)                              # 240 (1111 0000)
# 右移
print(a >> 2)                              # 15 (0000 1111)
```

2. 整数的限制

虽然 Python 整数理论上没有大小限制，但实际使用中仍有一些注意事项。

- 内存限制：非常大的整数会占用大量内存。
- 性能考虑：对非常大的整数进行运算可能会很慢。
- 整数除法：在 Python 3 中，整数相除（/）会返回浮点数，如果需要整数结果，应使用整数除法（//）。

3. 处理大整数的实用技巧

1）使用 math 模块的函数。

```python
import math
# 计算大数的对数
big_num = 10**100                    # 谷歌数（10 的 100 次方）
print(math.log10(big_num))           # 100.0
# 检查一个数是否是 2 的幂
def is_power_of_two(n):
    return n > 0 and (n & (n - 1)) == 0
print(is_power_of_two(1024))         # True
print(is_power_of_two(1000))         # False
```

2）使用 decimal 模块处理精确计算。

```python
from decimal import Decimal, getcontext
# 设置精度
getcontext().prec = 100
# 计算大数的精确除法
result = Decimal(1) / Decimal(7)
print(result)                        # 0.142857142857...
```

Python 的整数处理能力使其成为处理数学计算、密码学、大数据分析等领域的理想选择。

4.5.2 浮点数

浮点数是带有小数部分的数字。在 Python 中，浮点数使用标准的十进制表示法或科学计数法表示。下面是一些在 Python 中使用浮点数的代码示例。

```python
# 浮点数示例
pi = 3.14159
height = 175.5
avogadro = 6.022e23          # 科学计数法：6.022 × $10^{23}$
```

```
tiny = 1e-10                # 科学计数法：1 × 10⁻¹⁰
```

1. 浮点数与整数相同的数学运算

以下代码展示了 Python 中浮点数的基本数学运算。浮点数是计算机中表示带小数点数值的方式，但由于二进制表示的限制，有时会产生精度问题。

```python
# 浮点数运算
print(0.1 + 0.2)            # 0.30000000000000004
print(3.0 - 2.0)            # 1.0
print(2.0 * 3.0)            # 6.0
print(3.0 / 2.0)            # 1.5
print(3.0 // 2.0)           # 1.0（整数除法，但结果是浮点数）
print(3.0 % 2.0)            # 1.0（取模，结果是浮点数）
print(3.0 ** 2.0)           # 9.0（乘方）
```

2. 浮点数精度问题

在处理浮点数时，需要注意精度问题。由于计算机以二进制存储数字，某些十进制小数无法精确表示为二进制小数，这会导致一些看似奇怪的结果。

```python
print(0.1 + 0.2)            # 0.30000000000000004，而不是 0.3
print(0.1 + 0.2 == 0.3)     # False
```

这不是 Python 的漏洞，而是计算机表示浮点数的固有限制。对于需要精确小数计算的场景（如金融计算），可以使用 Python 的 decimal 模块：

```python
from decimal import Decimal
print(Decimal('0.1') + Decimal('0.2'))                          # 0.3
print(Decimal('0.1') + Decimal('0.2') == Decimal('0.3'))        # True
```

让我们向 DeepSeek 询问更多关于处理浮点数精度问题的方法。

用户提问：

在 Python 中，如何处理浮点数计算中的精度问题？有哪些最佳实践？

DeepSeek 回答：

Python 浮点数精度问题及解决方案
浮点数精度问题是计算机科学中的一个基本挑战，不仅限于 Python。以下是理解和处理这些问题的全面指南。

为什么会有精度问题?

浮点数精度问题源于二进制表示法的局限性。在十进制中简单的小数(如 0.1)在二进制中可能是无限循环小数,必须被截断,从而导致微小的舍入误差。

```python
print(0.1 + 0.2)          # 输出:0.30000000000000004
print(0.1 + 0.2 == 0.3)   # 输出:False
```

解决方案与最佳实践

1. 使用 round() 函数

对于简单计算,可以使用 round() 函数将结果四舍五入到所需的精度。

```python
result = 0.1 + 0.2
print(round(result, 1))   # 输出:0.3
```

2. 使用 decimal 模块

对于需要精确小数计算的场景(如金融计算),decimal 模块提供了精确的十进制算术。

```python
from decimal import Decimal, getcontext
# 设置精度(可选)
getcontext().prec = 28
# 使用字符串初始化 Decimal 对象(推荐)
a = Decimal('0.1')
b = Decimal('0.2')
c = a + b
print(c)                       # 输出:0.3
print(c == Decimal('0.3'))     # 输出:True
```

 不要直接使用浮点数初始化。

输出结果:

```
d = Decimal(0.1)    # 已经包含了浮点误差
print(d)            # 输出类似:0.1000000000000000055511151231257827021181583404541015625
```

3. 使用分数

对于需要精确有理数计算的场景,fractions 模块提供了分数算术。

```python
from fractions import Fraction
a = Fraction(1, 10)            # 1/10
b = Fraction(2, 10)            # 2/10
```

```
c = a + b
print(c)                              # 输出：3/10
print(float(c))                       # 转换回浮点数：0.3
```

4. 使用数学技巧

对于特定问题，可以通过数学技巧避免精度问题。

```python
# 例如，处理货币计算时，使用整数分（cents）而非浮点数元（dollars）
dollars = 19.99
cents = int(dollars * 100)            # 1999分
# 进行计算...
result_dollars = cents / 100          # 转回美元
```

5. 近似相等比较

当需要比较浮点数是否相等时，应检查它们是否"足够接近"，而不是完全相等。

```python
def is_close(a, b, rel_tol=1e-9, abs_tol=0.0):
    return abs(a - b) <= max(rel_tol * max(abs(a), abs(b)), abs_tol)

print(is_close(0.1 + 0.2, 0.3))       # 输出：True
# Python 3.5+ 可以使用标准库函数
import math
print(math.isclose(0.1 + 0.2, 0.3))   # 输出：True
```

6. 格式化显示

在显示浮点数时，可以使用格式化来控制小数位数。

```python
result = 0.1 + 0.2
print(f"{result:.1f}")                # 输出：0.3
```

7. 特定场景的最佳实践

（1）金融计算中的精确数值处理

以下代码展示了如何使用 Python 的 decimal 模块进行高精度金融计算，特别是复利计算。在金融应用中，浮点数的精度问题可能导致严重的计算误差，因此需要使用专门的数值表示方法来确保准确性。

```python
from decimal import Decimal, getcontext
getcontext().prec = 28
getcontext().rounding = 'ROUND_HALF_UP'        # 银行家舍入规则
def calculate_interest(principal, rate, years):
    p = Decimal(str(principal))
    r = Decimal(str(rate))
    t = Decimal(str(years))
    # 复利计算
    amount = p * (1 + r) ** t
    return amount
print(calculate_interest(1000, 0.05, 5))       # 1276.2815625...
```

（2）科学计算

对于科学计算，通常可以接受小误差，使用 NumPy 可以提高性能。

```python
import numpy as np
# NumPy有专门的函数处理浮点问题
print(np.isclose(0.1 + 0.2, 0.3))              # 输出：True
# 对于大量数据的计算，NumPy更高效
data = np.array([0.1, 0.2, 0.3])
result = np.sum(data)                          # 比循环累加更精确且更快
```

（3）几何计算

以下代码展示了如何在 Python 中使用数学库进行简单的几何计算，特别是计算圆的面积。这种计算在科学计算、工程设计、图形应用和教育领域经常使用。

```python
import math
# 计算圆的面积
radius = 2.5
area = math.pi * radius ** 2
print(f"圆的面积：{area:.6f}")                 # 控制显示精度
```

8. 避免的做法

❏ 避免连续累加浮点数，这会累积误差。

❏ 避免直接比较浮点数是否相等。

- 避免使用浮点数作为字典键或其他需要精确相等的场景。
- 避免将浮点数直接传递给 Decimal 构造函数,应使用字符串。

9. 总结

处理 Python 浮点数精度问题的最佳实践:
- 了解限制:认识到浮点精度问题是计算机科学的基本限制。
- 选择合适的工具:根据需求选择 round()、decimal 或 fractions。
- 适当比较:使用 math.isclose() 或自定义函数进行浮点数比较。
- 格式化输出:控制显示的小数位数。
- 考虑替代方案:某些情况下,使用整数计算可避免精度问题。

最后,记住,选择哪种方法取决于你的具体需求:精度要求、性能考虑和代码可读性。

4.6 注释

注释是程序中的非执行部分,用于解释代码的工作原理或提供其他信息。良好的注释可以使代码更易于理解和维护,无论是对他人还是对未来的自己。Python 中的注释以井号(#)开头,解释器会忽略注释行。

4.6.1 如何编写注释

在 Python 中,注释有以下几种常见形式。

1. 单行注释

单行注释以井号(#)开头,可以单独占一行,也可以放在代码行的末尾。

```python
# 这是一个单独的注释行
name = "Alice"  # 这是行末注释
```

2. 多行注释

Python 没有专门的多行注释语法,但可以使用多个单行注释或三引号字符串(通常用于文档字符串)。

```python
# 这是第一行注释
```

```
# 这是第二行注释
# 这是第三行注释
"""
```

这也是一种多行注释的方式,虽然技术上这是一个多行字符串,但如果不赋值给变量,它不会影响程序执行。

3. 文档字符串

文档字符串是一种特殊的注释,用于为模块、类、方法或函数提供文档。它们使用三引号(单引号或双引号)定义,并且通常放在定义的开头。

```python
def calculate_area(radius):
    """
    计算圆的面积。
    参数:
        radius (float): 圆的半径
    返回:
        float: 圆的面积
    """
    return 3.14159 * radius ** 2
```

文档字符串可以通过 help() 函数或 __doc__ 属性访问。

```python
help(calculate_area)            # 显示函数的文档字符串
print(calculate_area.__doc__)   # 直接打印文档字符串
```

4. 注释的缩进

注释应该与它们所注释的代码保持相同的缩进级别。

```python
def greet(name):
    # 检查名字是否为空
    if not name:
        name = "World"
    # 返回问候语
    return f"Hello, {name}!"
```

让我们向 DeepSeek 询问更多关于 Python 注释的最佳实践。

用户提问:

在 Python 中,有哪些注释的最佳实践?如何写出有效且有用的注释?

DeepSeek 回答：

Python 注释的最佳实践
良好的注释可以显著提高代码的可读性和可维护性。以下是 Python 注释的最佳实践和指南。
注释的基本原则
注释解释"为什么"，而不仅仅是"是什么"。代码本身应该清晰地表达它"做什么"，注释应该解释背后的原因、决策和复杂逻辑。

```python
# 不好的注释（仅重复代码的明显功能）
x = x + 1              # 将 x 增加 1
# 好的注释（解释原因）
x = x + 1              # 补偿浮点数舍入误差
```

要写出有效且有用的注释，可以参考以下编写原则：

- 保持注释的更新。
- 过时的注释比没有注释更有害。
- 修改代码时同时更新相关注释。
- 使用清晰、简洁的语言。
- 避免冗长、模糊或技术性过强的解释。
- 使用简单直接的语言。

5. 不同类型的注释及其用途

（1）文档字符串

文档字符串是 Python 的特色，用于为模块、类、方法和函数提供文档。

```python
def calculate_discount(price, rate=0.1):
    """
    根据给定的折扣率计算折扣价格。
    Args:
        price (float)：原始价格
        rate (float, optional)：折扣率，默认为 0.1（10%）
    Returns:
        float：折扣后的价格
    Raises:
        ValueError：如果价格为负或折扣率不在 0 ~ 1 之间
    Examples:
        >>> calculate_discount(100, 0.2)
        80.0
    """
    if price < 0 or not 0 <= rate <= 1:
        raise ValueError("价格必须为正数，折扣率必须在 0 到 1 之间")
```

```
    return price * (1 - rate)
```

（2）文档字符串的最佳实践

- 使用三重双引号（"""）。
- 第一行应是简短的摘要。
- 详细描述与第一行之间空一行。
- 遵循一致的格式（如 Google 风格、NumPy 风格或 reStructuredText 风格）。
- 包含参数、返回值、异常和示例。

（3）模块级注释

在模块开头的注释应该描述模块的目的和内容。

```python
"""
用户认证模块
这个模块处理用户认证、权限验证和会话管理。
它实现了 OAuth2 协议并支持多因素认证。
典型用法：
    auth = Authenticator(config_file)
    user = auth.authenticate(username, password)
    if user.is_authenticated:
        session = auth.create_session(user)
"""
import os
import json
# 其他导入和代码...
```

（4）行内注释

行内注释应该谨慎使用，并提供真正的价值。

```python
# 好的行内注释
x = x * 0.6         # 应用 40% 的税率
# 不必要的行内注释
x = x + 1           # 增加 x
```

（5）代码块注释

代码块注释解释一组相关代码的功能。

```python
# 计算用户在过去 30 天内的平均活跃度
```

```
# 我们使用加权平均，最近的活动权重更高
recent_activity = []
weights = []
for i, day in enumerate(last_30_days):
    activity = user.get_activity(day)
    weight = 1 + (i / 30)          # 越近的日期权重越大
    recent_activity.append(activity)
    weights.append(weight)
average_activity = sum(a * w for a, w in zip(recent_activity,
    weights)) / sum(weights)
```

（6）TODO 注释

使用 TODO 注释标记需要将来完成的工作。

```python
# TODO：实现缓存机制以提高性能
# TODO(username)：在下一版本中添加批处理支持
# FIXME：当输入包含特殊字符时会崩溃
```

（7）何时使用注释

- 复杂算法：解释算法的工作原理、选择原因或参考资料。
- 非直观的解决方案：解释为什么选择特定的实现方式。
- 临时解决方案或变通方法：标记并解释临时代码。
- 性能优化：解释性能敏感代码的优化策略。
- 警告和限制：提醒代码的限制或潜在问题。

（8）何时避免注释

- 不要用注释来解释糟糕的代码：应该重写代码使其清晰。
- 避免注释掉的代码块：使用版本控制而不是注释来保存旧代码。
- 避免冗余注释：不要重复代码已经清晰表达的内容。

6. 实际示例

（1）不好的注释示例

```python
# 计算年龄
def calc_age(dob):
    # 获取今天的日期
    today = datetime.today()
    # 计算年龄
    age = today.year - dob.year
```

```python
    # 检查生日是否已过
    if (today.month, today.day) < (dob.month, dob.day):
        age -= 1
    # 返回年龄
    return age
```

（2）好的注释示例

```python
def get_age_category(age):
    """
    根据年龄确定人口统计类别。
    分类标准基于2020年人口普查指南。
    """
    # 处理边界情况
    if age < 0:
        raise ValueError("年龄不能为负")
    # 我们使用闭区间[a,b]而不是半开区间[a,b]
    # 这样更符合人口统计学的惯例
    if 0 <= age <= 14:
        return "儿童"
    elif 15 <= age <= 24:
        return "青少年"
    elif 25 <= age <= 64:
        return "成年人"
    else:  # age >= 65
        return "老年人"
```

（3）工具和自动化

利用工具来维护注释质量。

❑ Pylint/Flake8：检查文档字符串和注释风格。

❑ Sphinx：从文档字符串生成文档。

❑ Black：代码格式化工具，帮助保持注释对齐。

优秀的Python注释应该具有如下特点。

❑ 解释代码的"为什么"，而不仅是"是什么"。

❑ 保持更新和准确。

❑ 遵循一致的格式和风格。

❑ 提供真正的价值，而不是重复明显的内容。

❑ 帮助其他开发者（包括未来的你）理解代码。

最后，最好的代码是自文档化的，注释是补充而非替代清晰的代码。

4.6.2 编写有效的注释

编写有效的注释是一项重要的技能。以下是一些关于什么时候应该添加注释以及应该包含什么内容的指导原则。

1. 什么时候添加注释

- 复杂的算法或逻辑：解释复杂算法的工作原理或非直观的逻辑。
- 重要的决策：解释为什么选择特定的实现方式。
- 潜在的问题或限制：标记代码的限制或可能的问题。
- 不明显的依赖关系：解释代码与其他部分的依赖关系。
- 临时解决方案：标记临时或变通的解决方案，以便将来改进。

2. 什么时候不需要注释

- 明显的操作：不要为明显的操作添加注释，如简单的赋值或基本计算。
- 自解释的代码：如果代码本身已经足够清晰，不需要额外的解释。
- 重复代码的内容：避免仅仅重复代码已经表达的内容。

3. 注释的内容

好的注释应该包含以下内容：

- 为什么：解释代码背后的原因和决策，而不仅仅是它做了什么。
- 如何：对于复杂的算法，解释它是如何工作的。
- 限制和假设：说明代码的限制和假设条件。
- 参考资料：提供算法或方法的来源或参考资料。

4. 注释示例

以下是一些不好的和好的注释示例。

不好的注释示例：

```python
# 计算总和
def calculate_sum(numbers):
    total = 0                   # 初始化总和为 0
    for num in numbers:         # 遍历每个数字
        total += num            # 将数字加到总和中
    return total                # 返回总和
```

这个例子中的注释只是重复了代码已经清楚表达的内容，没有提供额外的价值。

好的注释示例：

```python
# 使用二分查找而不是线性搜索，因为数据集已排序且很大
def find_user(user_id, users):
    left, right = 0, len(users) - 1
    while left <= right:
        mid = (left + right) // 2
        if users[mid].id == user_id:
            return users[mid]
        elif users[mid].id < user_id:
            left = mid + 1
        else:
            right = mid - 1
    return None
```

4.6.3 使用 DeepSeek 辅助编写注释

DeepSeek 可以帮助我们为代码生成有意义的注释。例如，我们可以向 DeepSeek 提供一段代码，并请求它为我们添加适当的注释：

用户提问：

```
请为以下代码添加有意义的注释：
def process_data(data, threshold=0.5):
    result = []
    for item in data:
        if item['confidence'] < threshold:
            continue
        value = item['value']
        if isinstance(value, str):
            try:
                value = float(value)
            except ValueError:
                value = 0.0
        result.append({
            'id': item['id'],
            'processed_value': value * 1.5,
            'status': 'processed'
        })
    return result
```

DeepSeek 回答：

```python
def process_data(data, threshold=0.5):
```

```
"""
处理数据项列表,过滤低置信度项并转换值。
Args:
    data: 包含数据项的列表,每项应该是一个字典,
          至少包含'id''value'和'confidence'键
    threshold: 置信度阈值,低于此值的项将被过滤掉,默认为0.5
Returns:
    处理后的数据项列表,每项包含'id''processed_value'和'status'键
"""
result = []
# 遍历所有数据项
for item in data:
    # 过滤掉置信度低于阈值的项
    if item['confidence'] < threshold:
        continue
    # 提取值并确保它是浮点数
    value = item['value']
    if isinstance(value, str):
        try:
            # 尝试将字符串转换为浮点数
            value = float(value)
        except ValueError:
            # 如果转换失败,设置默认值为0
            value = 0.0
    # 创建处理后的数据项并添加到结果列表
    result.append({
        'id': item['id'],
        'processed_value': value * 1.5,  # 将值放大1.5倍
        'status': 'processed'
    })
return result
```

通过 DeepSeek,我们了解了如何在 Python 代码中添加有效的注释,以及什么样的注释是有用的。良好的注释可以使代码更易于理解和维护,无论是对他人还是对未来的自己。

4.7 结语

本章我们深入探讨了 Python 中的变量和简单数据类型,这些是构建 Python 程序的基础构件。通过本章的学习,我们掌握了以下几个关键概念:

- **Python 解析器的工作原理**:我们了解了 Python 解析器如何执行代码,它将 Python 代码转换为计算机可以理解的指令,使我们能够专注于解决问

题而不是底层细节。Python 的交互式环境为学习和测试代码提供了便捷的方式。
- 变量的使用与命名规则：变量是编程中存储和管理数据的基本方式。我们学习了 Python 变量的命名规则（使用字母、数字和下划线，不能以数字开头，区分大小写），以及如何避免常见的命名错误。良好的变量命名习惯能够使代码更加清晰易读。
- 字符串的操作与处理：字符串是 Python 中最常用的数据类型之一，用于处理文本数据。我们掌握了字符串的基本操作，包括：
  - 使用方法修改字符串大小写（如 upper()、lower()、title()）。
  - 合并（拼接）字符串。
  - 使用制表符和换行符添加空白。
  - 删除字符串中不需要的空白（如 strip()、lstrip()、rstrip()）。
  - 避免字符串操作中的常见语法错误。
- 数字类型及其操作：我们学习了 Python 中的两种主要数字类型，整数（用于表示没有小数部分的数字）和浮点数（用于表示带小数点的数字）；我们还了解了基本的数学运算（加、减、乘、除、乘方等）以及如何使用 str() 函数避免类型错误。
- 注释的编写与使用：注释是程序中的非执行部分，用于解释代码的工作原理或提供其他信息。我们学习了：
  - 如何使用井号（#）添加单行注释。
  - 如何编写多行注释和文档字符串。
  - 什么时候应该添加注释以及应该包含什么内容。
  - 如何编写有效且有用的注释。

通过 DeepSeek，我们不仅学习了这些基本概念，还了解了更多高级用法和最佳实践。DeepSeek 提供的详细解释和示例能帮助我们更深入地理解这些概念，并将它们应用到实际编程中。

在下一章中，我们将学习 Python 中的列表，这是一种更复杂的数据类型，允许我们存储和管理多个相关项目。掌握了本章的基础知识后，下一步我们将迎接更复杂的编程概念和技术。

|第 5 章| CHAPTER

用 DeepSeek 学 Python 列表

在本章中,你将学习 Python 列表,这是一种强大的数据结构,支持在一个变量中存储多个元素。你将了解列表的基本概念,学习如何使用列表、访问其中的元素以及如何修改列表的内容。这些技能将帮助你高效处理多个相关数据,为后续的数据处理和操作奠定坚实的基础。

DeepSeek 可以帮助你理解相关概念,同时提供实用的代码示例和练习。在实践过程中,DeepSeek 还会帮助你识别并解决可能出现的问题。

学习本章后,你将迈出从处理单个数据项到处理数据集合的重要一步,为解决更复杂的编程问题奠定基础。

5.1 本章学习目标

本章的核心目标是帮助你掌握 Python 列表这一强大的数据结构,使你能够有效管理和操作多个相关数据。学习本章,你将掌握以下内容或技能:

❑ 理解列表的本质:深入理解 Python 中的基础数据结构——列表,如何在单个变量中存储多个元素,以及列表与其他数据类型的区别和联系。

- 掌握列表操作技巧：熟练掌握列表的创建、修改、添加和删除元素的方法，能够灵活运用索引和切片技术精确获取列表数据。
- 应用列表排序与组织：学会使用内置函数对列表进行排序，培养数据管理的基本能力。
- 预防常见错误：了解使用列表时的常见陷阱（如索引错误等）及其解决方法，提升调试和问题解决能力。

5.2 Python 列表

列表是 Python 中最常用的数据结构之一，它允许存储一系列相关的项目。与字符串（存储字符序列）和数字（存储单个值）不同，列表可以存储任意类型的数据，包括数字、字符串，甚至其他列表。列表的灵活性使其在处理多个相关数据时非常方便。

5.2.1 列表的定义与特点

下面让我们通过 DeepSeek 的辅助来学习列表的相关定义与特点。

用户提问：

```
什么是 Python 列表？它有什么特点？
```

DeepSeek 回答：

一、什么是 Python 列表？

列表（List）是 Python 中一种常用的数据结构，用于存储一系列相关的项目。它允许你在一个变量中存储多个不同的数据类型，包括数字、字符串、甚至其他列表。列表是 Python 内建的数据类型之一，非常灵活和强大。

二、列表的特点

有序：列表中的元素按顺序排列，可以通过索引访问元素。索引从 0 开始。

可变：列表是可变的，意味着你可以修改、删除、添加元素，而不需要重新创建整个列表。

可以包含不同类型的元素：列表中的元素可以是不同的数据类型，例如整数、字符串、浮动数值、布尔值，甚至是其他列表。

允许重复元素：列表可以包含重复的元素，它们在列表中会按原始顺序出现。

支持嵌套：列表中的元素可以是其他列表，这样可以创建多维列表（嵌套列表）。

示例

创建一个列表

```
my_list = [1, 2.5, "hello", [3, 4], True]
```

访问列表中的元素

```
print(my_list[0])   # 输出 1
print(my_list[3])   # 输出 [3, 4]
```

```
修改列表中的元素
my_list[1] = 5
print(my_list)   # 输出 [1, 5, 'hello', [3, 4], True]
三、常用操作
添加元素：使用 append()、insert()。
删除元素：使用 remove()、pop()、del。
切片：使用 list[start:end]。
查找元素：使用 index()、in 操作符。
列表是 Python 中非常基础且重要的容器类型，可以在许多应用中提供便利的解决方案。
```

列表的特点使得它非常适合处理需要存储多个相关元素的场景，比如在一个应用中需要存储用户输入的多个项，或者在数据分析时需要处理一系列数值或字符串数据。学习如何使用 Python 列表为后续更复杂的数据处理打下了坚实的基础，同时也能提升我们在实际编程中的效率。

5.2.2　如何创建列表

在 Python 中，列表是一种常用且灵活的数据结构，用方括号 [] 表示。列表中的元素用逗号 (,) 分隔。下面通过 DeepSeek 的帮助来学习如何创建和使用列表。

用户提问：

> 如何创建一个列表？可以举几个例子吗？

DeepSeek 回答：

```
创建列表的方法
在 Python 中，我们可以通过以下方式来创建一个列表：
1. 存储数字的列表
我们可以创建一个包含多个数字的列表：
numbers = [1, 2, 3, 4, 5]
2. 存储字符串的列表
字符串列表可以包含多个字符串：
fruits = ["apple", "banana", "cherry"]
3. 混合类型的列表
一个列表可以包含不同类型的元素，如数字、字符串、浮动数值、布尔值等：
mixed = [1, "hello", 3.14, True]
4. 空列表
你也可以创建一个空的列表，之后可以动态地向其中添加元素：
empty_list = []
5. 嵌套列表
列表中的元素还可以是另一个列表，这样可以创建多维列表（嵌套列表）：
nested = [[1, 2], [3, 4], [5, 6]]
```

根据 DeepSeek 的回答，我们知道，在 Python 中，列表是一种非常灵活的容器类型，能够存储不同类型的元素，甚至支持嵌套结构。无论是简单的数据集合还是复杂的多维数据，列表都能应对自如。通过上面的示例，我们可以看到，列表不仅可以存储数字、字符串等基本数据类型，还能够存储混合类型的数据，甚至是其他列表。

5.3 修改、添加和删除元素

列表的一个重要特性是它是可变的，这意味着我们可以在创建列表后修改其内容。在本节中，我们将学习如何修改列表中的元素、添加新元素以及删除不需要的元素。

5.3.1 修改列表元素

修改列表元素非常简单，只需使用索引指定要修改的元素，然后为其赋予新值：

```python
# 创建一个水果列表
fruits = ["apple", "banana", "cherry"]
print(fruits)           # 输出: ['apple', 'banana', 'cherry']

# 修改第二个元素
fruits[1] = "blueberry"
print(fruits)           # 输出: ['apple', 'blueberry', 'cherry']
```

我们也可以使用负索引来修改元素：

```python
fruits = ["apple", "banana", "cherry"]
fruits[-1] = "date"     # 修改最后一个元素
print(fruits)           # 输出: ['apple', 'banana', 'date']
```

修改列表元素使我们能够更新数据，而不必创建一个全新的列表。这在处理动态变化的数据时特别有用。

5.3.2 在列表中添加元素

Python 提供了多种方法来向列表中添加元素。最常用的方法是 append()、insert()

和 extend()。

1. 使用 append() 方法添加元素

append() 方法将元素添加到列表的末尾。

```python
fruits = ["apple", "banana", "cherry"]
fruits.append("date")
print(fruits)   # 输出：['apple', 'banana', 'cherry', 'date']
```

append() 方法是向列表添加元素的最简单方法，特别是当你需要在列表末尾添加元素时。

2. 使用 insert() 方法在特定位置添加元素

如果你需要在列表的特定位置添加元素，可以使用 insert() 方法。这个方法需要两个参数：要插入元素的索引和要插入的值。

```python
fruits = ["apple", "banana", "cherry"]
fruits.insert(1, "blueberry")   # 在索引 1 的位置插入 "blueberry"
print(fruits)   # 输出：['apple', 'blueberry', 'banana', 'cherry']
```

insert() 方法会将所有后续元素向右移动一个位置。如果指定的索引超出了列表的长度，元素将被添加到列表的末尾。

```python
fruits = ["apple", "banana", "cherry"]
fruits.insert(10, "date")   # 索引 10 超出了列表长度
print(fruits)   # 输出：['apple', 'banana', 'cherry', 'date']
```

3. 使用 extend() 方法合并列表

如果你想将一个列表的所有元素添加到另一个列表的末尾，可以使用 extend() 方法。

```python
fruits = ["apple", "banana", "cherry"]
more_fruits = ["date", "elderberry"]
fruits.extend(more_fruits)
print(fruits)   # 输出：['apple', 'banana', 'cherry', 'date', 'elderberry']
```

extend() 方法与简单地使用加号（+）运算符连接两个列表的效果相似，但有

一个重要区别：extend() 方法修改了原始列表，而加号运算符创建了一个新列表。

```python
fruits1 = ["apple", "banana", "cherry"]
fruits2 = ["date", "elderberry"]
# 使用 extend() 方法
fruits1.extend(fruits2)
print(fruits1)    # 输出：['apple', 'banana', 'cherry', 'date', 'elderberry']
# 使用 + 运算符
fruits3 = ["apple", "banana", "cherry"]
fruits4 = ["date", "elderberry"]
fruits5 = fruits3 + fruits4
print(fruits3)    # 输出：['apple', 'banana', 'cherry']（原列表不变）
print(fruits5)    # 输出：['apple', 'banana', 'cherry', 'date', 'elderberry']
```

5.3.3　从列表中删除元素

Python 提供了多种方法来删除列表中的元素。最常用的方法是 pop()、remove() 和 del 语句。

1. 使用 pop() 方法删除元素

pop() 方法删除列表中的一个元素，并返回这个元素的值。如果不指定索引，pop() 方法将删除并返回列表的最后一个元素。

```python
fruits = ["apple", "banana", "cherry"]
last_fruit = fruits.pop()
print(last_fruit)             # 输出：cherry
print(fruits)                 # 输出：['apple', 'banana']
```

你也可以指定要删除的元素的索引。

```python
fruits = ["apple", "banana", "cherry"]
second_fruit = fruits.pop(1)  # 删除并返回索引 1 处的元素
print(second_fruit)           # 输出：banana
print(fruits)                 # 输出：['apple', 'cherry']
```

2. 使用 remove() 方法删除元素

如果你知道要删除的元素的值，但不知道它的索引，可以使用 remove() 方法。

```python
```

```python
fruits = ["apple", "banana", "cherry"]
fruits.remove("banana")
print(fruits)      # 输出：['apple', 'cherry']
```

需要注意的是，remove() 方法只会删除第一个匹配的元素。如果列表中有多个相同的值，只有第一个会被删除。

```python
fruits = ["apple", "banana", "cherry", "banana"]
fruits.remove("banana")
print(fruits)      # 输出：['apple', 'cherry', 'banana']
```

3. 使用 del 语句删除元素

del 语句可以删除列表中的单个元素或一系列元素。

```python
fruits = ["apple", "banana", "cherry", "date", "elderberry"]
del fruits[1]        # 删除索引 1 处的元素
print(fruits)        # 输出：['apple', 'cherry', 'date', 'elderberry']
del fruits[1:3]      # 删除索引 1 到 2 的元素（不包括索引 3）
print(fruits)        # 输出：['apple', 'date', 'elderberry']
del fruits           # 删除整个列表
# print(fruits)      # 错误：NameError: name 'fruits' is not defined
```

4. 清空列表

如果你想删除列表中的所有元素但保留列表本身，可以使用 clear() 方法。

```python
fruits = ["apple", "banana", "cherry"]
fruits.clear()
print(fruits)      # 输出：[]
```

通过这些方法，我们可以灵活地管理列表中的元素，根据需要添加、修改和删除元素。这种动态性使列表成为 Python 中最常用的数据结构之一，适用于各种编程场景。

5.4 Python 列表的高级技巧

Python 提供了强大的列表排序功能，使用起来既简单又灵活。除了基本的排序方法外，还有一些高级技巧，可以帮助我们进行更高效、更灵活的排序操作。下面通过用户提问和 DeepSeek 回答的编写方式，介绍一些常见的高级排序技巧。让我们向 DeepSeek 询问更多关于 Python 列表排序的高级技巧。

用户提问：

```
Python 列表排序有哪些高级技巧？如何在实际开发中使用？
```

DeepSeek 回答：

```
Python 列表排序的高级技巧
Python 提供了强大而灵活的列表排序功能，可以处理从简单数据类型到复杂对象集合的各种排序需求。以下是一些高级排序技巧和方法。
排序基础回顾
Python 提供两种主要的排序方法：
list.sort() - 原地排序，修改原列表
sorted() - 返回新的排序列表，不修改原列表
两者都接受相同的关键参数：
reverse=True/False - 控制排序方向
key=function - 指定排序依据的函数
对包含字典的列表排序
按单个键排序：
```python
people = [
    {"name": "Alice", "age": 25, "height": 165},
    {"name": "Bob", "age": 30, "height": 180},
    {"name": "Charlie", "age": 22, "height": 175}
]
按年龄排序
people_by_age = sorted(people, key=lambda x: x["age"])
print(people_by_age)
按姓名排序
people_by_name = sorted(people, key=lambda x: x["name"])
print(people_by_name)
按多个键排序（使用元组）：
```python
先按年龄，再按身高排序
people_by_age_height = sorted(people, key=lambda x: (x["age"], x["height"]))
print(people_by_age_height)
不同方向排序（年龄升序，身高降序）
people_mixed = sorted(people, key=lambda x: (x["age"], -x["height"]))
print(people_mixed)
```
```

根据 DeepSeek 的回答，我们知道，Python 提供了多种灵活且强大的排序技巧，帮助我们满足各种排序需求。通过使用 key 参数，我们可以自定义排序规
```

则；通过 reverse 参数，我们可以实现倒序排序；Python 的稳定排序特性能够保留元素原有的顺序。此外，heapq 模块提供了高效的方式来获取列表中的前几个最大或最小元素。

掌握这些高级排序技巧可以让你在实际开发中高效地处理数据。无论是简单的数值排序，还是更复杂的字典、对象排序，Python 都为我们提供了灵活且高效的解决方案。

5.5 通过 DeepSeek 学习 Python 索引

在前面的章节里，我们已经掌握了列表的基本操作和常用方法。接下来，本节将聚焦于列表索引这一核心概念：如何定位、访问并操作列表中的单个元素。由于 Python（以及许多其他编程语言）都采用从 0 开始的索引方式，初学者往往会感到疑惑。为此，我们将借助 DeepSeek 的解释和示例，深入剖析 0 基索引的技术原理与历史背景，从而帮助你彻底理解为何这种设计如此高效且被广泛沿用。

5.5.1 索引的基础概念

在正式探讨为什么索引从 0 开始之前，我们先复习几个常见的索引概念。

Python 索引就是列表中每个元素的位置标识，从 0 开始计数。

下面我将结合代码示例介绍 Python 索引的基础概念。

```python
fruits = ['苹果', '香蕉', '橙子']
print(fruits[0])            # 输出 '苹果'
```

（1）负索引

从列表末尾开始计数，-1 表示最后一个元素，-2 表示倒数第二个，以此类推。例如下面的代码示例：

```
print(fruits[-1])           # 输出 '橙子'
```

（2）切片

通过开始索引：结束索引取出子列表，左闭右开。

```
numbers = [0, 1, 2, 3, 4, 5]
print(numbers[1:4])         # 输出 [1, 2, 3]
print(numbers[:3])          # 输出 [0, 1, 2]
print(numbers[3:])          # 输出 [3, 4, 5]
```

（3）常用方法
- list.index(value)：返回元素在列表中首次出现的索引。
- len(list)：列表长度，即元素总数。

掌握了这些基本概念后，再来探讨"为什么要从 0 开始索引"就会更容易理解了。

5.5.2 从 0 开始的 Python 索引

对于初学者来说，列表索引从 0 开始而不是 1 开始可能有些不直观。让我们通过 DeepSeek 来进行辅助理解为什么 Python（以及许多其他编程语言）使用从 0 开始的索引。

从 0 开始的索引实际上有其数学和计算机科学上的合理性。在内存中，列表元素是连续存储的，索引表示从列表起始位置的偏移量。第一个元素的偏移量是 0（没有偏移），第二个元素的偏移量是 1，依此类推。

这种索引方式也使得某些计算变得更简单。例如，如果你想知道列表中有多少个元素，可以使用最后一个元素的索引加 1（因为索引从 0 开始）。

让我们向 DeepSeek 询问更多关于从 0 开始索引的原因：

用户提问：

> 为什么 Python 和许多其他编程语言的列表或数组索引从 0 开始而不是 1 开始？这有什么历史原因或技术优势吗？

DeepSeek 回答：

一、历史原因
1.早期硬件和汇编语言的影响
在早期计算机中，数组的索引实际上是内存地址的偏移量。第一个元素位于基地址加 0 的位置，第二个元素位于基地址加 1 的位置，依此类推。这种直接映射到硬件的方式使得计算变得更加高效。
2.C 语言的影响
C 语言采用了 0 基索引，并且这一设计影响了后来的许多语言。C 语言的创造者 Dennis Ritchie 继承了 BCPL 语言的这一特性。由于 C 语言在计算机科学中的广泛应用，许多现代编程语言（包括 Python、Java、JavaScript）也都延续了这一设计。
3.BCPL 和 B 语言的传统
BCPL（C 语言的前身）使用 0 基索引，主要是为了简化指针算术。BCPL 的创造者 Martin Richards 选择 0 基索引，是因为它与指针运算自然匹配。
二、技术优势
1.数学上的优雅性
数学中，区间 [0, n) 代表 n 个元素，长度正好是 n。当我们使用 0 基索引时，计算子数组的长度非常简单：end - start。如果从 1 开始，则需要额外的加 1 操作。

2. 简化模运算和循环索引

使用 0 基索引时，模运算和循环索引变得更自然。例如，循环条件 index % array_length 可以直接应用，而不需要调整索引。

3. 指针算术和内存寻址

在内存中，数组元素的地址可以通过公式 地址 = 基地址 +（索引 × 元素大小）来计算。0 基索引使这个公式更加简洁，无需额外的减法操作。

4. 半开区间的一致性

许多算法使用半开区间 [start, end) 表示从 start 到 end-1 的元素，这与 0 基索引自然匹配。例如，range(0, 5) 产生 [0, 1, 2, 3, 4]，正好是 5 个元素。

5. 简化循环边界条件

使用 0 基索引时，循环条件简化为 i < n，而不是 i <= n，这减少了常见的"差一"错误（off-by-one error）的可能性。

让我们通过实际的例子来进一步理解。

（1）考虑一个长度为 5 的数组

使用 0 基索引：[0, 1, 2, 3, 4]

使用 1 基索引：[1, 2, 3, 4, 5]

（2）计算子数组长度

```python
# 0 基索引
sub_array = array[2:4]      # 包含索引 2 和 3 的元素
length = 4 - 2 = 2          # 正好是元素数量
# 1 基索引（假设）
sub_array = array[2:4]      # 包含索引 2 和 3 的元素
length = 4 - 2 + 1 = 3      # 需要额外 +1 操作
```

（3）内存寻址计算

```
# 0 基索引
元素地址 = 基地址 +（索引 × 元素大小）
array[3] 的地址 = 基地址 +（3 × 元素大小）

# 1 基索引（假设）
元素地址 = 基地址 +（(索引-1) × 元素大小）
array[3] 的地址 = 基地址 +（(3-1) × 元素大小）
```

（4）例外情况

并非所有语言都使用 0 基索引。

- FORTRAN：使用 1 基索引，主要面向科学和工程计算，更接近数学符号。
- COBOL：允许程序员定义数组的下界。

- Lua：默认使用 1 基索引，更符合其设计哲学。
- R：使用 1 基索引，因为它主要面向统计学家。
- MATLAB/Octave：使用 1 基索引，更接近线性代数符号。

0 基索引虽然对初学者可能不够直观（因为我们习惯从 1 开始计数），但它在计算机科学中有深厚的历史根源和技术优势。它简化了内存寻址、区间计算和循环条件，使代码更简洁高效。

一旦习惯了 0 基索引的思维方式，你会发现它在许多编程场景中确实更加自然和高效。

根据 DeepSeek 的回答，我们知道，Python 和许多编程语言采用从 0 开始的索引，并非偶然。这一设计背后有深刻的历史原因，主要受到早期硬件和汇编语言的影响。同时，0 基索引在数学、计算机科学和内存寻址上有很多技术优势，它不仅简化了计算，还提高了代码的效率和可读性。

5.5.3 使用 DeepSeek 解决列表索引错误

在使用列表时，一个常见的错误是尝试访问不存在的索引，这会导致 IndexError 错误。例如：

```
fruits = ["apple", "banana", "cherry"]
# print(fruits[3])   # 错误：IndexError: list index out of range
```

在这个例子中，我们尝试访问索引 3 处的元素，但列表 fruits 只有 3 个元素（索引 0、1 和 2）。当 Python 无法找到指定的索引时，会引发 IndexError 错误。

1. 索引错误产生的原因

索引错误通常有以下几种常见原因：

- 忘记索引从 0 开始：如果列表有 n 个元素，有效的索引范围是 0 到 $n-1$，而不是 1 到 n。
- 使用了超出范围的索引：尝试访问超出列表长度的索引。
- 使用了负索引，但超出了列表长度：例如，对于一个只有 3 个元素的列表，尝试访问 list[-4]。
- 在空列表上使用索引：尝试访问空列表中的元素。

2. 避免索引错误的策略

在 Python 中，处理列表索引错误是常见的挑战，尤其是当索引超出了有效范围时。为了避免这些错误，Python 提供了几种处理策略和最佳实践。除了基本的 try-except 和列表长度检查外，还有一些更优雅和高效的方式来确保代码的稳定性。

以下是一些避免索引错误的策略。

（1）检查列表长度

在访问列表元素之前，可以先检查索引是否在有效范围内。

```
fruits = ["apple", "banana", "cherry"]
index = 3
if index < len(fruits):
    print(fruits[index])
else:
    print(f"索引 {index} 超出了列表范围。")
```

（2）使用 try-except 语句

你可以使用 try-except 语句来捕获并处理索引错误。

```
fruits = ["apple", "banana", "cherry"]
try:
    print(fruits[3])
except IndexError:
    print("索引超出了列表范围。")
```

（3）使用 get() 方法（适用于字典，不适用于列表）

虽然列表没有 get() 方法，但这种思想可以通过自定义函数实现。

```
def safe_get(lst, index, default=None):
    """安全地获取列表中的元素，如果索引超出范围则返回默认值。"""
    try:
        return lst[index]
    except IndexError:
        return default
fruits = ["apple", "banana", "cherry"]
print(safe_get(fruits, 3, "未知水果"))   # 输出：未知水果
```

（4）使用条件表达式

对于简单的情况，可以使用条件表达式。

```
fruits = ["apple", "banana", "cherry"]
index = 3
result = fruits[index] if index < len(fruits) else "索引超出范围"
print(result)         # 输出：索引超出范围
```

（5）使用列表的切片操作

切片操作不会引发索引错误，即使索引超出了列表范围。

```
fruits = ["apple", "banana", "cherry"]
print(fruits[3:])    # 输出：[]（空列表，而不是错误）
print(fruits[:10])   # 输出：['apple', 'banana', 'cherry']（包含所有元素）
```

让我们向 DeepSeek 询问更多关于处理列表索引错误的最佳实践：

用户提问：

在 Python 中，除了使用 try-except 和检查长度外，还有哪些处理列表索引错误的最佳实践？

DeepSeek 回答：

Python 列表索引错误的高级处理策略

处理列表索引错误是 Python 编程中的常见挑战。除了基本的 try-except 和长度检查外，还有许多更优雅、更高效的方法来处理这类问题。以下是一些高级策略和最佳实践。

使用迭代而非索引访问

一、直接迭代

最简单的避免索引错误的方法是完全避免使用索引：

不推荐

```
fruits = ["apple", "banana", "cherry"]
for i in range(len(fruits)):
    print(fruits[i])
```

推荐

```
for fruit in fruits:
    print(fruit)
```

二、使用 enumerate() 获取索引和值

如果你确实需要索引信息，可以使用 enumerate() 函数，这样你可以在遍历列表时同时获取索引和值。enumerate() 是一个非常强大的工具，既能避免索引错误，又能保留索引信息。

示例：

```
fruits = ["apple", "banana", "cherry"]
for i, fruit in enumerate(fruits):
    print(f"{i}: {fruit}")
```

根据 DeepSeek 的回答，我们知道，除了常规的 try-except 语句和索引长度检查外，Python 还提供了多种更优雅的策略来避免索引错误。这些方法包括使用迭代访问元素，通过 enumerate() 获取索引和值，使用切片操作处理超出范围的索引等。每种方法都有其适用场景，掌握这些技巧可以使代码更加简洁、健壮。

通过避免直接使用索引访问列表或通过其他高级技巧处理索引错误，我们能够编写出更稳定、更高效的代码。在实际开发中，选择适合的错误处理策略，可以大大减少程序出错的概率，并提高代码的可维护性和可读性。

5.6 结语

本章我们深入探讨了 Python 中的列表,这是一种强大而灵活的数据结构,允许我们存储和管理多个相关项目。通过本章的学习,我们掌握了以下几个关键概念:

- ❑ 列表的基本概念:我们了解了列表是什么,以及如何创建和访问列表元素。列表是有序的、可变的数据集合,可以存储任意类型的数据。Python 中的索引从 0 开始,这是一个需要特别注意的点。
- ❑ 列表元素的操作:我们学习了如何修改、添加和删除列表元素,包括:
  - 使用索引修改列表元素。
  - 使用 append()、insert() 和 extend() 方法添加元素。
  - 使用 del 语句、pop() 和 remove() 方法删除元素。
- ❑ 避免索引错误:我们学习了如何避免和处理列表索引错误,包括检查列表长度,使用异常处理,以及采用更安全的列表访问方式。

通过 DeepSeek 的辅助,我们不仅学习了这些基本概念,还了解了更多高级用法和最佳实践。例如,我们探讨了如何对包含复杂对象的列表进行排序,以及如何在实际项目中优雅地处理索引错误。

列表是 Python 编程中最常用的数据结构之一,掌握列表的操作对于解决各种编程问题至关重要。列表允许我们以结构化的方式组织数据,使代码更加清晰和高效。

在下一章中,我们将学习如何操作列表,包括如何遍历列表,如何使用 for 循环,以及如何创建数值列表。这些知识将进一步增强我们处理数据集合的能力,为解决更复杂的编程问题奠定基础。

第 6 章 CHAPTER

用 DeepSeek 学操作列表

在本章中,你将学习如何充分发挥 Python 列表的强大功能,探索如何遍历整个列表,使用 for 循环处理列表中的每个元素,以及如何创建数值列表,并借助 DeepSeek 进行使用操作列表。

DeepSeek 可以帮助你理解相关概念,同时提供实用的代码示例和最佳实践。当你实践这些技术时,DeepSeek 还会帮助你识别并解决可能出现的问题。

学习本章后,你将能够更加灵活地处理数据集合,解决更复杂的编程问题。这些技能将为后续的 Python 学习之旅奠定坚实的基础。

6.1 本章学习目标

本章的核心目标是帮助你掌握 Python 列表的高级操作技巧,特别是列表遍历和处理的方法。学习本章,你将掌握以下内容或技能:

❑ 精通列表遍历技术:深入理解并熟练应用 for 循环遍历列表的机制,能够自信地处理列表中的每个元素,实现批量数据处理。

❑ 创建和操作数值列表:掌握生成数值序列的多种方法,包括使用 range() 函数、列表推导式等技术,能够灵活创建满足特定需求的数值数据集。

❑ 提升调试能力：识别并解决列表遍历和处理中的常见逻辑错误，增强代码调试和问题解决能力。

6.2 遍历整个列表

在处理列表时，一个常见的任务是遍历列表中的所有元素，对每个元素执行相同的操作。Python 的 for 循环提供了一种简洁而强大的方式来完成这一任务。

6.2.1 深入研究循环

for 循环是 Python 中最常用的循环结构之一，它允许我们对列表中的每个元素执行一系列操作。for 循环的基本语法如下：

```
for item in list_of_items:
    # 对 item 执行操作
```

这里，item 是一个变量名，用于存储列表中的当前元素；list_of_items 是要遍历的列表；冒号（:）表示循环头的结束；缩进的代码块是循环体，包含要对每个元素执行的操作。

让我们看一个简单的例子，遍历一个水果列表并打印每种水果的名称。

```
fruits = ["apple", "banana", "cherry"]
for fruit in fruits:
    print(fruit)
输出结果：
apple
banana
cherry
```

在这个例子中，Python 从列表 fruits 中取出第一个元素（"apple"），将其存储在变量 fruit 中，然后执行循环体中的代码（打印 fruit 的值）。然后，Python 取出第二个元素（"banana"），将其存储在变量 fruit 中，再次执行循环体。这个过程会一直持续，直到处理完列表中的所有元素。

1. 循环变量的命名

在 for 循环中，可以使用任何有效的变量名作为循环变量。通常，我们会选择一个有意义的名称，反映列表中元素的类型。例如，如果列表包含水果名称，可以使用 fruit 作为循环变量；如果列表包含用户名，可以使用 user 或 username 作为循环变量。

```
magicians = ["alice", "david", "carolina"]
for magician in magicians:
    print(f"{magician.title()} is a great magician!")
```

输出结果：

```
Alice is a great magician!
David is a great magician!
Carolina is a great magician!
```

2. 循环的工作原理

为了更好地理解 for 循环的工作原理，让我们向 DeepSeek 询问更多细节。

用户提问：

Python 的 for 循环与其他编程语言的循环有什么不同？它在内部是如何工作的？

DeepSeek 回答：

Python 的 for 循环：独特性与内部工作原理
Python 的 for 循环与许多其他编程语言中的 for 循环有显著不同，这种独特设计使它更加强大和灵活。
Python for 循环与其他语言的区别，基于迭代器而非计数器。
Python 的 for 循环：
```
for item in collection:
    # 处理 item
```
传统 C/Java 风格的 for 循环：
```
for (int i = 0; i < collection.length; i++) {
    //使用 collection[i]
}
```
Python 的 for 循环直接遍历集合中的元素，而不是使用索引变量。具有更广泛的适用，另外 Python 的 for 循环可以遍历任何可迭代对象，包括：
- 列表、元组、字符串、集合、字典。
- 文件对象。
- 生成器和迭代器。
- 自定义可迭代对象。

而传统 for 循环通常仅用于数值范围或通过索引访问集合，并且 Python 具有更简洁的语法。Python 的 for 循环语法更简洁，不需要显式的初始化、条件检查和增量步骤，没有 C 风格的 "for(;;)" 无限循环。
Python 使用 while True: 来实现无限循环，而不是空条件的 for 循环。

3. Python for 循环的内部工作原理

Python 的 for 循环在内部是通过迭代器协议实现的，大致遵循以下步骤。

1）获取迭代器。

当执行 for item in collection: 时，Python 首先调用 iter(collection) 获取一个迭

代器对象。

for 循环的第一步等价于：

```
iterator = iter(collection)
```

2）重复调用 next()。

Python 重复调用迭代器的 next() 方法（在 Python 3 中是 __next__()），直到引发 StopIteration 异常。

循环主体等价于：

```
try:
    while True:
        item = next(iterator)
        # 执行循环体代码
except StopIteration:
    pass  # 循环结束
```

3）异常处理。

当迭代器中没有更多元素时，next() 调用会引发 StopIteration 异常，Python 捕获这个异常并正常退出循环。

实际示例：解析 for 循环的执行过程。

让我们通过一个简单的例子来说明 for 循环的内部执行过程。

```
fruits = ["apple", "banana", "cherry"]
for fruit in fruits:
    print(fruit)
```

内部执行过程：

① Python 调用 iter(fruits) 获取一个迭代器。

② Python 调用 next(iterator) 获取第一个元素"apple"，将其赋值给变量 fruit。

③执行循环体：打印"apple"。

④ Python 再次调用 next(iterator) 获取下一个元素"banana"，将其赋值给变量 fruit。

⑤执行循环体：打印"banana"。

⑥ Python 再次调用 next(iterator) 获取下一个元素"cherry"，将其赋值给变量 fruit。

⑦执行循环体：打印"cherry"。

⑧ Python 再次调用 next(iterator)，但没有更多元素，引发 StopIteration 异常。

⑨ Python 捕获异常并退出循环。

4）手动模拟 for 循环。

我们可以手动编写代码来模拟 for 循环的行为：

```python
fruits = ["apple", "banana", "cherry"]
# 手动模拟 for 循环
iterator = iter(fruits)
try:
    while True:
        fruit = next(iterator)
        print(fruit)
except StopIteration:
    pass  # 循环结束
```

这段代码的输出与使用 for 循环完全相同。

4. 性能考虑

Python 的 for 循环通常比等效的 while 循环更高效，因为：

- 迭代器协议是在 C 层面实现的。
- 避免了显式索引计算和边界检查。
- 对于大型集合，可以实现惰性求值（不需要一次性加载所有元素）。

Python 的 for 循环是一个强大而灵活的构造，它的一些优势如下：

- 基于迭代器协议，可以遍历任何可迭代对象。
- 语法简洁，直接处理元素而非索引。
- 内部通过 iter() 和 next() 方法实现。
- 提供了额外的功能，如 else 子句和与 enumerate()/zip() 的集成。

这种设计使 Python 的 for 循环比传统的计数器循环更易用、更灵活，也更符合 Python "优雅简洁"的设计哲学。

6.2.2 在 for 循环中执行更多的操作

for 循环的真正强大之处在于，我们可以在循环体中执行任意数量的操作。例如，我们可以在打印魔术师名字的同时，向每位魔术师发送个性化的消息。

```python
magicians = ["alice", "david", "carolina"]
for magician in magicians:
    print(f"{magician.title()} is a great magician!")
    print(f"I can't wait to see your next trick, {magician.title()}.\n")
```

输出结果：

```
Alice is a great magician!
I can't wait to see your next trick, Alice.

David is a great magician!
I can't wait to see your next trick, David.

Carolina is a great magician!
I can't wait to see your next trick, Carolina.
```

在这个例子中，循环体包含两个 print 语句。对于列表中的每个魔术师，Python 都会执行这两个 print 语句。注意，我们在第二个 print 语句末尾添加了 \n，这会在每个魔术师的消息后添加一个空行，使输出更加清晰。

我们还可以在循环中执行更复杂的操作，例如条件判断、计算或调用函数。

```python
scores = [85, 92, 78, 90, 88]
for score in scores:
    if score >= 90:
        print(f"Score: {score} - Excellent!")
    elif score >= 80:
        print(f"Score: {score} - Good!")
    else:
        print(f"Score: {score} - Needs improvement")
```

输出结果：

```
Score: 85 - Good!
Score: 92 - Excellent!
Score: 78 - Needs improvement
Score: 90 - Excellent!
Score: 88 - Good!
```

这个例子展示了如何在循环中使用条件语句来根据不同的分数给出不同的评价。

6.2.3 在 for 循环结束后执行一些操作

for 循环完成后，我们通常需要执行一些总结性的操作。这些操作应该放在循环之后，与循环体保持相同的缩进级别。

```python
magicians = ["alice", "david", "carolina"]
for magician in magicians:
    print(f"{magician.title()} is a great magician!")

print("\nThank you, everyone. That was a great magic show!")
```

输出结果：

```
Alice is a great magician!
David is a great magician!
Carolina is a great magician!

Thank you, everyone. That was a great magic show!
```

在这个例子中，最后一条消息只打印一次，因为它不是循环体的一部分。它的缩进级别与 for 语句相同，表示它是循环之后的代码。

我们还可以在循环后使用循环中收集的数据：

```
# 计算学生成绩的平均分
scores = [85, 92, 78, 90, 88]
total = 0

for score in scores:
    total += score

average = total / len(scores)
print(f"The average score is: {average}")    # 输出：The average score
                                                      is: 86.6
```

在这个例子中，我们在循环中累加所有分数，然后在循环结束后计算平均分。这是一个常见的模式：在循环中收集或处理数据，在循环结束后使用这些数据进行计算或生成报告。

通过掌握 for 循环的使用，我们可以高效地处理列表中的数据，无论是简单的打印操作，还是复杂的数据分析和处理。在下一节中，我们将学习如何避免在使用循环时常见的缩进错误，这对于编写正确的 Python 代码至关重要。

6.3 避免缩进错误

Python 使用缩进来表示代码块，这使得代码结构清晰可见。然而，这也意味着缩进错误可能导致程序无法正常运行或产生意外的结果。在本节中，我们将学习如何识别和避免常见的缩进错误。

6.3.1 忘记缩进

在 Python 中，循环体中的每一行代码都必须缩进。如果忘记缩进，Python 会显示缩进错误。

```
magicians = ["alice", "david", "carolina"]
for magician in magicians:
print(f"{magician.title()} is a great magician!")    # 错误：缺少缩进
```

如果运行这段代码，Python 会显示以下错误信息：

```
IndentationError: expected an indented block
```

这个错误表明 Python 期望在 for 语句后面有一个缩进的代码块，但没有找到。要修复这个错误，只需要正确缩进循环体中的代码。

```
magicians = ["alice", "david", "carolina"]
for magician in magicians:
    print(f"{magician.title()} is a great magician!")    # 正确：代码已缩进
```

6.3.2 忘记缩进额外的代码行

有时，我们可能希望在循环中执行多个操作，但忘记缩进其中的一些代码行。

```
magicians = ["alice", "david", "carolina"]
for magician in magicians:
    print(f"{magician.title()} is a great magician!")
print(f"I can't wait to see your next trick, {magician.title()}.")
    # 错误：缺少缩进
```

在这个例子中，第二个 print 语句没有缩进，这意味着它不是循环体的一部分。Python 不会为每个魔术师执行这条语句，而是在循环完成后执行一次。更糟糕的是，由于 magician 变量只在循环体内有效，这段代码可能会产生意外的结果或错误。

正确的代码应该是：

```
magicians = ["alice", "david", "carolina"]
for magician in magicians:
    print(f"{magician.title()} is a great magician!")
    print(f"I can't wait to see your next trick, {magician.
        title()}.")    # 正确：代码已缩进
```

6.3.3 不必要的缩进

如果你在不需要缩进的地方添加了缩进，Python 也会显示错误。

```
message = "Hello, Python!"
    print(message)    # 错误：不必要的缩进
```

运行这段代码会显示以下错误信息：

```
IndentationError: unexpected indent
```

这个错误表明 Python 在不期望缩进的地方发现了缩进。要修复这个错误，只需删除不必要的缩进。

```
message = "Hello, Python!"
print(message)                          # 正确：没有不必要的缩进
```

6.3.4 循环后不必要的缩进

另一个常见的错误是在循环后出现了不必要的缩进。

```
magicians = ["alice", "david", "carolina"]
for magician in magicians:
    print(f"{magician.title()} is a great magician!")

    print("Thank you, everyone. That was a great magic show!")
        # 错误：不必要的缩进
```

在这个例子中，最后一条消息被错误地缩进，这意味着它是循环体的一部分，会为每个魔术师打印一次。如果我们只想在循环结束后打印一次这条消息，应该删除缩进。

```
magicians = ["alice", "david", "carolina"]
for magician in magicians:
    print(f"{magician.title()} is a great magician!")

print("Thank you, everyone. That was a great magic show!")
    # 正确：没有不必要的缩进
```

6.3.5 遗漏了冒号

在 Python 中，for 语句和其他控制流语句（如 if、while、def 等）的末尾必须有一个冒号（:）。如果遗漏了冒号，Python 会显示语法错误。

```
magicians = ["alice", "david", "carolina"]
for magician in magicians            # 错误：缺少冒号
    print(f"{magician.title()} is a great magician!")
```

运行这段代码会显示以下错误信息：

```
SyntaxError: invalid syntax
```

要修复这个错误，只需在 for 语句的末尾添加冒号。

```
magicians = ["alice", "david", "carolina"]
for magician in magicians:          # 正确：添加了冒号
    print(f"{magician.title()} is a great magician!")
```

让我们向 DeepSeek 询问更多关于 Python 缩进的最佳实践。

用户提问：

> 在 Python 中，关于缩进有哪些最佳实践？不同的编辑器和 IDE 如何帮助避免缩进错误？

DeepSeek 回答：

> Python 缩进最佳实践与工具支持
> 　　Python 使用缩进来定义代码块，这是该语言的核心特性之一。正确的缩进不仅是语法要求，也是提高代码可读性的关键。以下是关于 Python 缩进的最佳实践以及编辑器/IDE 如何帮助避免缩进错误。
> Python 缩进的最佳实践
> 1. 保持一致的缩进风格
> PEP 8 建议：使用 4 个空格作为每级缩进。
> ```python
> # 推荐
> def function():
>     if condition:
>         do_something()
>
> # 不推荐（混合使用不同数量的空格）
> def function():
>    if condition:                    # 3 个空格
>          do_something()             # 6 个空格
> ```
> 2. 使用空格而非制表符
> PEP 8 建议：使用空格而非制表符(Tab)进行缩进。
> ```python
> # 在大多数编辑器中设置：Tab 键插入 4 个空格，而不是制表符
> ```
> 原因：
> 不同编辑器对制表符的显示宽度不同，混合使用空格和制表符可能导致难以察觉的缩进错误。
> 3. 续行的缩进
> 当一行代码太长需要换行时，有两种常见的缩进方式：
> ```python
> # 方法 1：垂直对齐参数
> def long_function_name(
>         param1, param2,
>         param3, param4):
>     print(param1)
> # 方法 2：使用悬挂缩进，额外缩进 4 个空格
> def long_function_name(

```
        param1, param2,
        param3, param4):
    print(param1)
```

现在，根据 DeepSeek 的回答，我们知道良好的缩进实践不仅可以避免语法错误，还能提高代码可读性和可维护性。另外现代编辑器和 IDE 提供了丰富的功能来帮助开发者遵循 Python 的缩进规则：

- 遵循 PEP 8 标准：使用 4 个空格作为缩进单位。
- 保持一致性：在整个项目中使用相同的缩进风格。
- 利用工具：使用编辑器功能、代码检查器和格式化工具。
- 团队协作：使用 EditorConfig 等工具统一团队设置。
- 自动化：设置 pre-commit 钩子和 CI 检查。

结合这些最佳实践和工具支持，可以有效地避免 Python 中的缩进错误，提高开发效率和代码质量。另外通过理解和避免这些常见的缩进错误，我们可以编写更加可靠和易读的 Python 代码。记住，在 Python 中，缩进不仅仅是风格问题，它直接影响代码的执行逻辑。因此，养成良好的缩进习惯对于成为一名成功的 Python 程序员至关重要。

在下一节中，我们将学习如何创建数值列表，这是处理数值数据的重要技能。

6.4 创建数值列表

在编程中，我们经常需要处理数字序列。Python 提供了多种创建和操作数值列表的方法，这些方法可以帮助我们高效地处理数值数据。在本节中，我们将学习如何创建数值列表，以及如何对这些列表执行基本的统计计算。

6.4.1 使用函数 range()

Python 的 range() 函数是一个非常有用的工具，它可以生成一系列的数字。这个函数最常用于控制 for 循环执行的次数。让我们看一个简单的例子。

```
for value in range(1, 5):
    print(value)
```

如果运行这段代码，你会看到以下输出：

```
1
```

```
2
3
4
```

注意,range() 函数生成的数字序列从指定的第一个值开始,到指定的第二个值前面的那个数字结束。在这个例子中,range(1, 5) 生成了数字 1 到 4,但不包括 5。

如果只向 range() 函数提供一个参数,它会从 0 开始生成数字。

```
for value in range(5):
    print(value)
```

这段代码会输出:

```
0
1
2
3
4
```

range() 函数还可以接收第三个参数,用于指定步长(即相邻数字之间的差值)。

```
for value in range(1, 10, 2):
    print(value)
```

这段代码会输出所有 1 到 10 之间的奇数。

```
1
3
5
7
9
```

你也可以使用负数步长来创建递减的数字序列。

```
for value in range(10, 0, -1):
    print(value)
```

这段代码会输出从 10 倒数到 1 的数字。

```
10
9
8
7
6
```

```
5
4
3
2
1
```

6.4.2 使用 range() 创建数字列表

虽然 range() 函数本身不会直接创建一个列表，但我们可以使用 list() 函数将 range() 的结果转换为列表。

```
numbers = list(range(1, 6))
print(numbers)
```

这段代码会输出：

```
[1, 2, 3, 4, 5]
```

这种方法非常适合创建包含特定范围数字的列表。例如，如果我们想创建一个包含 1 到 100 的平方数的列表，可以这样做：

```
squares = []
for value in range(1, 11):
    square = value ** 2
    squares.append(square)
print(squares)
```

这段代码会输出：

```
[1, 4, 9, 16, 25, 36, 49, 64, 81, 100]
```

我们也可以使用更简洁的方式来编写这段代码：

```
squares = []
for value in range(1, 11):
    squares.append(value ** 2)
print(squares)
```

6.4.3 对数字列表执行简单的统计计算

Python 提供了几个专门用于处理数字列表的函数，可以帮助我们快速进行统计计算。

```
digits = [1, 2, 3, 4, 5, 6, 7, 8, 9, 0]
print(min(digits))      # 输出最小值：0
```

```
print(max(digits))      # 输出最大值：9
print(sum(digits))      # 输出总和：45
```

这些函数使得对数字列表进行基本的统计分析变得非常简单。

- min() 函数返回列表中的最小值。
- max() 函数返回列表中的最大值。
- sum() 函数返回列表中所有值的总和。

6.4.4 列表解析

列表解析是 Python 中一种创建列表的简洁方法。它允许我们在一行代码中创建列表，而不需要使用多行的 for 循环。

例如，我们可以使用列表解析来重写前面创建平方数列表的代码。

```
squares = [value ** 2 for value in range(1, 11)]
print(squares)
```

这段代码会产生与之前相同的输出。

```
[1, 4, 9, 16, 25, 36, 49, 64, 81, 100]
```

列表解析由一个方括号包围，其中包含一个表达式，后面跟着一个 for 子句，然后是零个或多个 for 或 if 子句。表达式可以是任何有效的 Python 表达式，它会为列表中的每个元素计算一个值。

让我们看一些更复杂的列表解析示例。

```
# 创建一个包含 1 到 20 之间所有偶数的列表
even_numbers = [x for x in range(1, 21) if x % 2 == 0]
print(even_numbers)     # 输出：[2, 4, 6, 8, 10, 12, 14, 16, 18, 20]

# 创建一个包含 1 到 10 的立方数的列表
cubes = [x**3 for x in range(1, 11)]
print(cubes)    # 输出：[1, 8, 27, 64, 125, 216, 343, 512, 729, 1000]
```

列表解析是 Python 中一个强大的特性，它可以使代码更加简洁和易读。然而，对于非常复杂的操作，使用传统的 for 循环可能更容易理解。

让我们向 DeepSeek 询问更多关于 Python 列表解析的高级用法。

用户提问：

请介绍 Python 列表解析的一些高级用法和最佳实践。

DeepSeek 回答：

```
Python 列表解析的高级用法与最佳实践
列表解析 (List Comprehension) 是 Python 中一个强大而优雅的特性，它允许我们以简
洁的方式创建和转换列表。虽然基本用法相对简单，但列表解析还有许多高级用法和需要注意的最
佳实践。
1）嵌套列表解析。
嵌套列表解析可以用来处理多维数据结构。
```python
# 创建一个 3x3 的矩阵
matrix = [[i * 3 + j + 1 for j in range(3)] for i in range(3)]
print(matrix)              # 输出：[[1, 2, 3], [4, 5, 6], [7, 8, 9]]
2）矩阵转置。
transposed = [[row[i] for row in matrix] for i in range(3)]
print(transposed)          # 输出：[[1, 4, 7], [2, 5, 8], [3, 6, 9]]
3）展平嵌套列表。
flattened = [num for row in matrix for num in row]
print(flattened)           # 输出：[1, 2, 3, 4, 5, 6, 7, 8, 9]
注意嵌套列表解析的顺序：外层循环在前，内层循环在后，这与嵌套 for 循环的顺序相反。
```

结合 DeepSeek 的回答，我们知道列表解析是 Python 中一个强大的特性，能够让代码更简洁、更易读，并且在许多情况下性能更好。关键是我们要明智地使用它。

❑ 对于简单的转换和过滤操作，列表解析通常是最佳选择。
❑ 对于复杂的逻辑或多重嵌套，传统的 for 循环可能更清晰。
❑ 对于大数据集，考虑使用生成器表达式。
❑ 始终优先考虑代码的可读性和可维护性。

掌握列表解析的高级用法和最佳实践，可以帮助你编写更加 Python 化、高效和易于维护的代码。

通过和 DeepSeek 一起学习创建数值列表的方法，我们可以更有效地处理数值数据。range() 函数和列表解析是 Python 中非常有用的工具，它们可以帮助我们简化代码并提高效率。

6.5 结语

恭喜你完成了本章的学习！你现在已经掌握了操作 Python 列表的核心技能，这些技能将在你的编程之旅中频繁使用。

在本章中，我们学习了：
```

- 使用 for 循环遍历列表：就像你逐一检查购物清单上的每个物品一样，for 循环让你能够依次处理列表中的每个元素。想象一下，你可以用这个技能自动处理成百上千条客户记录或产品信息。
- 避免常见的缩进错误：我们了解了 Python 中缩进的重要性，以及如何避免那些会让你的程序出错的常见缩进问题。正确的缩进就像是良好的段落格式，让你的代码更容易阅读和理解。
- 创建和操作数值列表：使用 range() 函数和列表解析，你现在可以轻松地生成和处理数字序列。这就像是有了一个能够快速生成任意数字范围的魔法工具，无论是创建年份列表、生成统计数据还是进行数学计算，都变得简单高效。

这些技能为你打开了编程的新世界。现在，你可以编写程序来自动化日常任务，比如分析销售数据，处理学生成绩或者管理库存信息。

第二部分　项目实战

祝贺你！你现在已经掌握了 Python 的基础知识，可以开始动手构建实用的项目了。通过实际开发这些项目，你将巩固第一部分学到的概念，并学习如何用这些知识解决实际问题。

第二部分包含四个不同类型的项目，你可以按照自己的兴趣和需求选择完成其中的任何项目或全部项目，完成这些项目的顺序并不重要。下面简要描述每个项目，帮助你决定首先要完成哪个项目。

❑ 数据分析报告生成系统：在"数据分析报告生成系统"项目（第 7 章）中，你将学习如何在 Windsurf 中通过 DeepSeek 开发一个能够自动处理数据并生成分析报告的系统。这个项目将教会你如何处理和分析数据，以及如何将分析结果以清晰的方式呈现出来。完成这个项目后，你将掌握数据处理和报告生成的基本技能。

❑ 自动化日报生成工具：在"自动化日报生成工具"项目（第 8 章）中，你将在 Windsurf 中使用 DeepSeek 构建一个能够自动收集数据并生成日常报告的工具。这个项目特别适合那些需要定期整理和汇报工作进展的人。通过这个项目，你将学习如何自动化重复性工作，提高工作效率。

❑ 本地事务提醒助手：在"本地事务提醒助手"项目（第 9 章）中，你将在 Windsurf 中使用 DeepSeek 开发一个能够管理日常事务的应用程序。这个项目将教会你如何设计和实现一个实用的本地应用，以及如何处理用户输入和数据存储。

❑ 打造你的第一个网站：在"打造你的第一个网站"项目（第 10 章）中，你将学习如何在 Windsurf 中使用 DeepSeek 创建一个完整的网站。这个项目将带你了解网站开发的基本流程，从前端页面设计到后端功能实现，以及对网站界面的优化。这个项目特别适合想要展示个人作品集或建立在线展示平台的人。完成这个项目后，你将具备基本的全栈开发能力。

第 7 章 | CHAPTER

开发数据分析报告生成系统

在本章，我们将开发第一个实战项目——数据分析报告生成系统。这个项目将帮助你把前面所学的编程概念转化为实际应用，掌握数据处理和分析的核心技能。

7.1 本章学习目标

本章将使用 Windsurf 开发一个数据分析报告生成系统，帮助你揭开编程的神秘面纱，并初步掌握利用编程解决实际问题的能力。

(1) 理解编程的本质
- 明白编程就是将人类的需求转化为计算机可以理解和执行的精确指令。
- 通过销量数据分析实例，将抽象的编程概念与实际应用联系起来，理解编程如何解决现实问题。

(2) 了解程序语言的作用
- 认识到程序语言是人与计算机沟通的桥梁，Python 是一种易于学习和使用的"外语"。
- 掌握利用 Python 进行销量数据分析、趋势识别和预测的基本思路，感受其超越 Excel 的能力。

- 掌握程序的基本知识、原理和流程。
- 学习程序设计的关键要素：变量、条件判断（if）、循环（for）等，理解它们在解决问题中的作用。
- 掌握程序的基本流程：输入数据→处理数据→输出结果，并理解销量分析场景中每个步骤的意义。

（3）实践应用
- 通过实际操作，分析销量数据、识别趋势并预测未来销量，将理论知识转化为实际技能。
- 掌握从数据到结果的完整流程，并体验编程在业务决策中的强大力量。

7.2 自动化数据分析的优势

1. 提高业务决策效率

想象一下，你需要分析几十种产品在多个区域的销售数据，如果用 Excel，可能需要复制粘贴公式、手动更新图表，一不小心还会选错单元格。

而用 Python 编程，你只需写一段代码，它就能自动处理所有销售数据，在几秒钟内完成你在 Excel 中需要几小时才能做完的工作。更棒的是，当有新数据时，你只需运行同一段代码，而不是重复那些烦琐的 Excel 操作。这就是为什么专业数据分析师都在用编程工具——工具能让分析变得又快又准，让你把时间花在思考业务策略上，而不是机械地处理数据。

2. 提升预测的准确性

Excel 就像是一个普通的放大镜，而 Python 编程像是一台高精度显微镜。在 Excel 中，你也许只能计算简单的平均值或画条趋势线，但用 Python，你可以轻松实现复杂的时间序列分析、季节性分解、多变量回归分析，甚至利用机器学习预测未来销量。

这些高级分析能力让你看到 Excel 无法展示的销售模式和市场趋势。就像医生不会只用体温计诊断复杂疾病一样，业务分析师也不会仅依赖 Excel 做重要决策。Python 提供的是一整套"销售诊断设备"，帮你更准确地预测未来销量，减少库存浪费，优化生产计划。

3. 发现隐藏的业务机会

Excel 是封闭的"花园"，而 Python 是无边的"海洋"。在 Excel 中，你只能处理已经整理好的放入表格的数据。但 Python 可以自动从多个来源收集数据，将销量数据与天气、社交媒体热度、经济指标等外部因素结合分析，发现传统方法难以察觉的关联。

这就像是从只能看到表面现象，升级到能透视整个市场生态系统——你获得了全新的视角。许多成功的业务创新和市场机会都是通过编程实现的数据挖掘和模式识别找到的。当竞争对手还在用传统方法分析销售数据时，掌握编程技能的你已经发现了市场中被忽视的"金矿"。

7.3 数据分析报告生成系统的功能

为了帮助用户更高效地处理和分析海量数据，我们设计了一个自动化的数据分析报告生成系统。这个系统不仅能显著提高工作效率，还能提供高质量、专业的分析报告，解决传统人工分析过程中的烦琐和低效问题。

在这个项目中，我们将创建一个强大且高效的数据分析报告生成系统。想象一下，它就像一位不知疲倦的数据分析专家，能够智能地批量处理结构相似的销售数据（Excel 格式），并迅速生成内容丰富、格式专业的分析报告。

核心价值：本系统旨在将你从烦琐、重复的数据整理与初步分析工作中解放出来，实现效率的飞跃——原本需要数小时甚至数天的人工操作，现在几分钟内即可轻松完成。

本系统集成了从数据接入到报告输出的全流程自动化能力。

1. 数据处理与清洗

- 自动读取 Excel 格式的销售数据。
- 智能处理缺失值、识别并修正异常数据点，确保分析基于高质量数据。
- 多维度数据分析。
- 基础统计：自动计算关键指标（如均值、中位数、标准差）。
- 绩效排名：快速生成门店/产品等多维度（如收入、利润、毛利率、客单价等）的表现排名。
- 时间序列：深入分析销售数据随时间（月度、季度、年度）变化的趋势与模式。
- 成本结构：清晰展示各项成本构成及其占比。

2. 可视化图表生成

一键生成专业且美观的数据图表，包括但不限于：

- 趋势变化图。
- 构成比例图。
- 对比排名图。

3. 洞察与建议提炼

- 基于严谨的数据分析结果，自动提炼关键业务洞察。
- 初步生成具有参考价值的业务改进建议。

4. 一键式报告输出

- 将所有分析结果（文本、表格、图表）无缝整合。
- 自动生成结构清晰的 Markdown 格式报告。
- 支持将报告轻松转换为 PDF 或 Word 文档，便于分享和归档。

7.4 具体实现步骤：开发数据分析报告生成系统

以下步骤将引导你学习如何与 AI 工具（Windsurf）交互，从 Excel 数据出发，逐步构建并优化数据分析报告生成系统，从而更高效、智能地处理和分析销售数据，并生成高质量的报告。

7.4.1 第一步：导入数据，让 Windsurf 理解你的 Excel 表格

首先，我们需要引导 Windsurf 读取并理解 Excel 格式的销售数据（如图 7-1 所示）。这一关键步骤是让 AI 掌握数据的结构与内容（如图 7-2 所示），为后续的智能分析奠定坚实基础。

图 7-1　引导 Windsurf 理解数据

在 Windsurf 理解表结构之后通过编写 DeepSeek 提示词让 AI 自己开始分析报告并编写代码，为后续的智能分析奠定坚实基础。

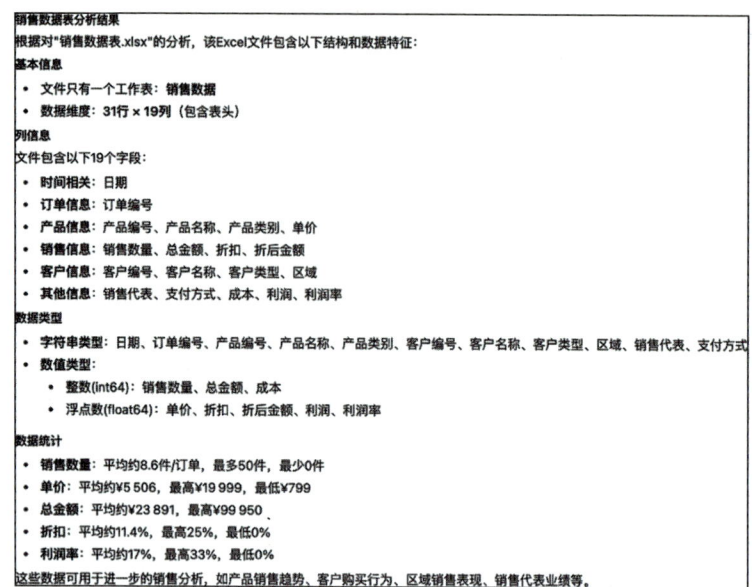

图 7-2　分析 Excel 数据后的结果界面

> ⚠️ 注意　在此过程中，Windsurf 可能会提示需要安装额外的 Python 依赖包。如果遇到此类弹窗，通常是因为缺少必要的库。请单击 Accept 或"同意"按钮，让其自动完成安装。

7.4.2　第二步：指令下达，命令 Windsurf 创建自动化报告生成程序

接下来，我们将向 Windsurf 发出明确指令，要求它为你量身定制一个自动化报告生成程序（如图 7-3 所示），清晰地告诉 AI 你希望它执行哪些分析、生成哪些图表和报告内容。

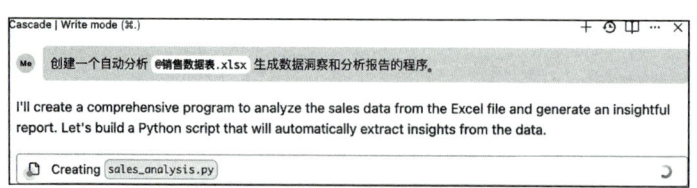

图 7-3　发出生成程序指令的界面

Windsurf 接收到指令后，将开始思考并编写相应的 Python 代码。稍等片刻，它会生成程序，并直接运行以输出初步的分析结果，如图 7-4 所示。

图 7-4　DeepSeek 初步的分析结果

让我们查看 DeepSeek 初步生成的销售报告，如图 7-5 所示。

图 7-5　DeepSeek 初步生成的销售报告

DeepSeek 初步生成的销售报告包括产品的基本统计、产品销售分析、相关性分析热力图等。下面将对 DeepSeek 生成销售数据报告部分效果图进行展示。

产品的基本统计信息如图 7-6 所示。

1. 基本统计信息

本报告分析了从 2024-01-05 至 2024-03-23 的销售数据，共计 30 条销售记录，涉及 29 种产品和 29 个客户。总销售额达 740,633.00 元，总利润 110,653.49 元，平均利润率 17.53%。

指标	数值
总记录数	30
时间范围	2024-01-05 至 2024-03-23
总销售额	740633
总利润	110653.48999999999
平均利润率	17.53333333333334
产品种类数	29
客户数量	29
销售代表数量	29

图 7-6　产品的基本统计信息

产品销售数据分析如图 7-7 所示。

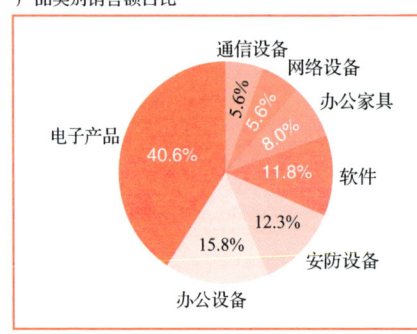
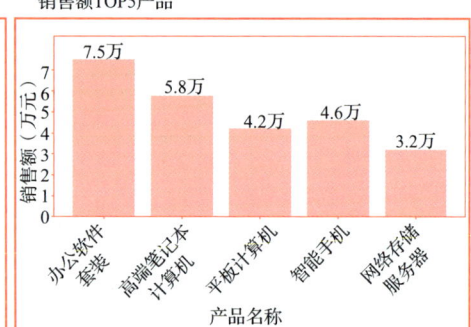

产品销售TOP10

产品编号	产品名称	产品类别	销售数量	总金额	折后金额	利润	订单数	平均利润率
P009	办公软件套装	软件	50	99950	74962.50	24962.50	1	0.333000
P001	高端笔记本计算机	电子产品	7	62993	57593.60	8593.60	2	0.149211
P006	平板计算机	电子产品	15	52485	41988.00	4488.00	1	0.106888
P003	智能手机	电子产品	10	49990	45990.80	5990.80	1	0.130261
P027	网络存储服务器	电子产品	2	39998	31998.40	1998.40	1	0.062453
P011	计算机显示器	电子产品	25	37475	33727.50	6227.50	1	0.184642
P010	服务器	电子产品	2	31998	29438.16	4438.16	1	0.150762
P008	投影仪	办公设备	5	29995	25495.75	2995.75	1	0.117500
P015	安全监控系统	安防设备	2	25998	22098.30	2098.30	1	0.094953
P025	电子白板	办公设备	3	23997	21117.36	3117.36	1	0.147621

图 7-7　产品销售数据分析

销售数据相关性分析热力图如图 7-8 所示。

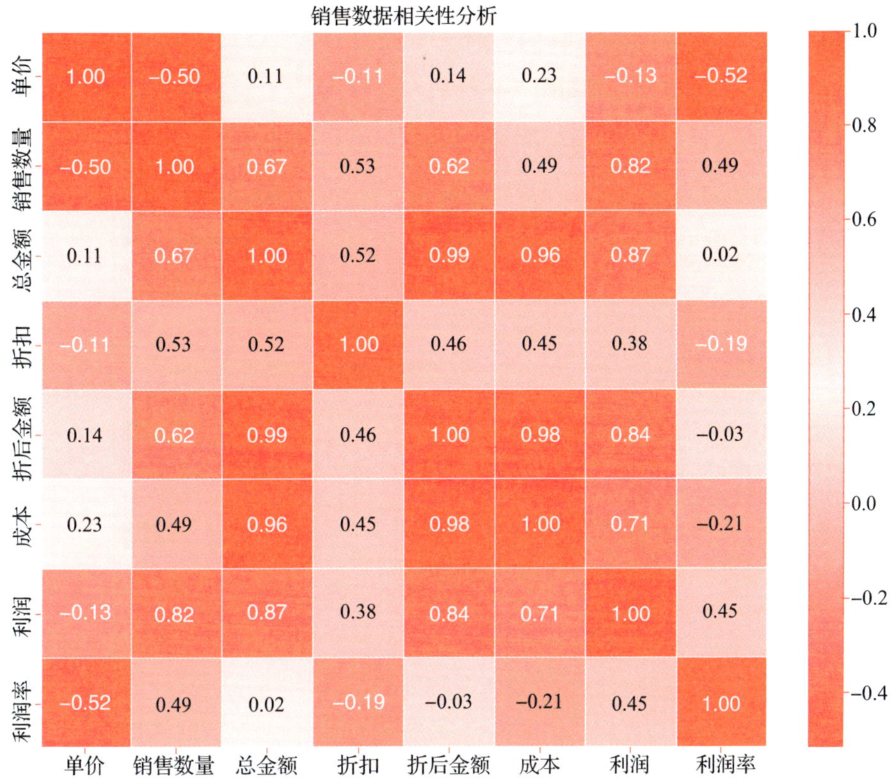

图 7-8 销售数据相关性分析热力图

7.4.3 第三步：测试并要求 AI（Windsurf）优化程序

生成的初步报告往往并非一步到位，可能存在格式问题、分析遗漏或不符合预期之处，因此需要进一步测试并优化程序，此步至关重要。

- ❏ 仔细审阅：检查 Windsurf 生成的代码逻辑（如果可见）和输出的报告内容。
- ❏ 发现问题：记录错误、不准确或需要改进的地方。
- ❏ 提出优化指令：再次与 Windsurf 交互，明确指出需要修改的内容。例如，"请将柱状图改为堆叠柱状图""请增加毛利率的计算和排名""报告标题字体请加大"等。这是一个交互式的精炼过程。

DeepSeek 提示词示例：

> 生成的 HTML 界面效果并不是很好，请你对界面进行优化，要求：1. 表格数据对齐；2. 整体界面精美。

与 DeepSeek 的交互过程如图 7-9 所示。

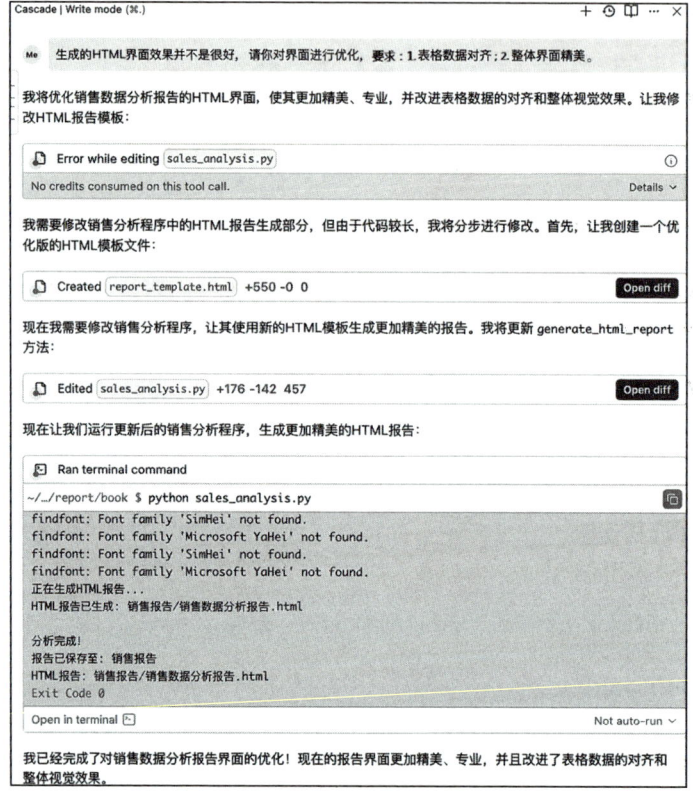

图 7-9　与 DeepSeek 的交互过程

7.4.4　第四步：重新运行程序，获取优化后的完整报告

在 Windsurf 根据你的反馈完成程序代码的优化后，指示它重新运行更新后的程序。

此时，Windsurf 将执行经过改进的代码逻辑，进行更完善的数据分析和可视化，最终生成一份更符合需求的、内容更完整的自动化分析 HTML 报告，如图 7-10 所示。

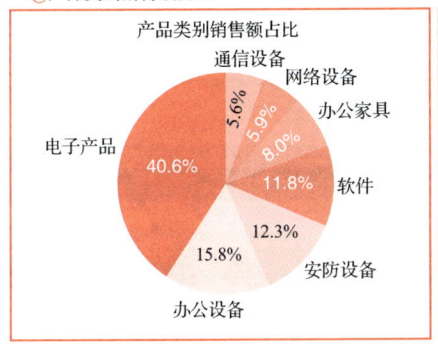
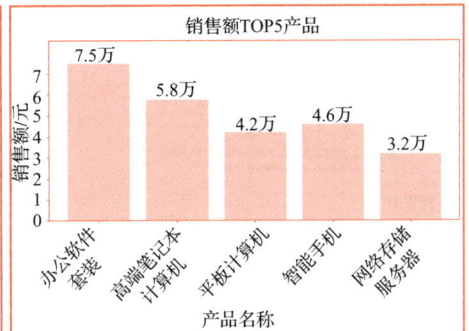

产品编号	产品名称	产品类别	销售数量	总金额	折后金额	利润	订单数	平均利润率
P009	办公软件套装	软件	50	99950	74962.50	24962.50	1	0.333000
P001	高端笔记本计算机	电子产品	7	62993	57593.60	8593.60	2	0.149211
P006	平板计算机	电子产品	15	52485	41988.00	4488.00	1	0.106888
P003	智能手机	电子产品	10	49990	45990.80	5990.80	1	0.130261
P027	网络存储服务器	电子产品	2	39998	31998.40	1998.40	1	0.062453
P011	计算机显示器	电子产品	25	37475	33727.50	6227.50	1	0.184642

图 7-10 最终生成的 HTML 报告界面

可以看出，我们已经对销售额 TOP5 的数据的展示效果进行了优化，现在可以很好地显示分析数据了。

7.4.5 第五步：继续优化生成系统的功能

如果任意上传一份销售数据的 Excel 文件，我们都想让系统能够对文件中的销售数据进行分析，并生成销售分析报告，应该如何实现呢？

让我们继续和 Windsurf 进行交互：

> 现在让我们对整个系统再继续进行优化，通过用户上传任意一份销售数据的 Excel 文件，直接生成这样的销售分析报告。

之后等待 Windsurf 为我们编写代码，结果如图 7-11 所示。

下面我们可以直接让 Windsurf 安装相关依赖并运行这个项目，如图 7-12 所示。

让我们查看 Windsurf 生成的界面效果，如图 7-13 所示。

可以看到，Windsurf 已经生成了一个数据分析报告生成系统，让我们上传一份新的销售数据 Excel 文件，并查看数据分析的报告效果，如图 7-14、图 7-15 所示。

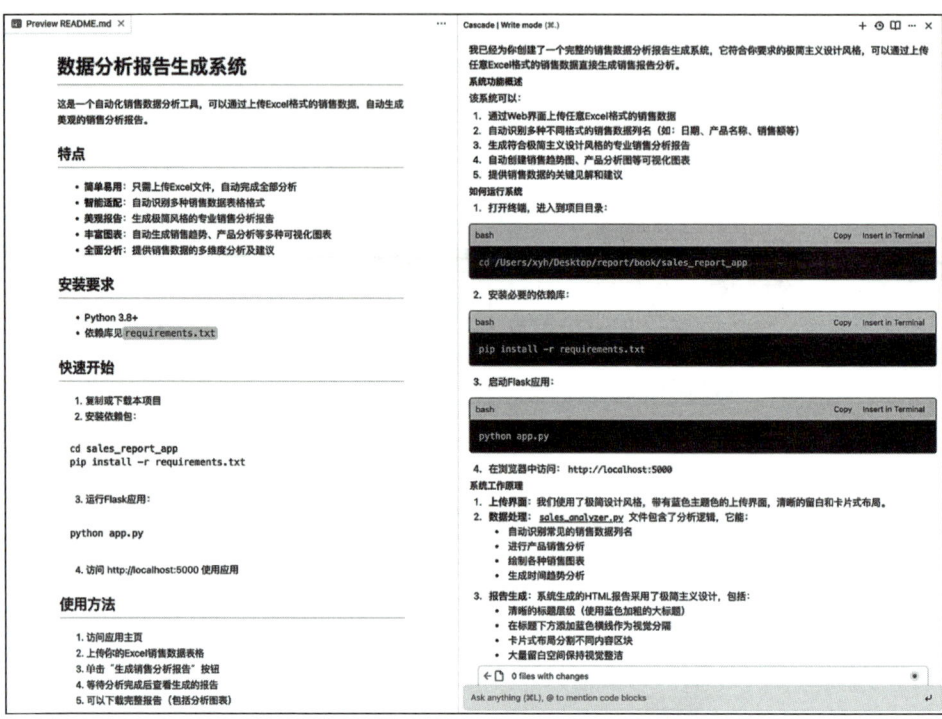

图 7-11　Windsurf 生成的结果示例

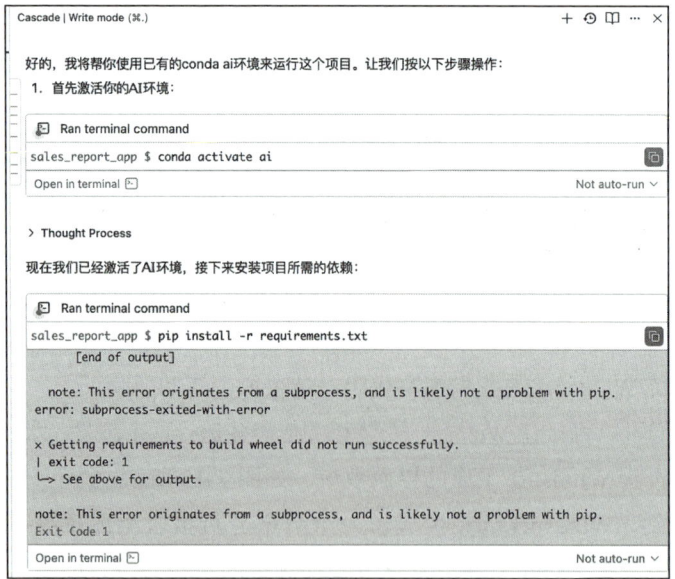

图 7-12　Windsurf 安装相关依赖并运行这个项目

第 7 章　开发数据分析报告生成系统　❖　151

图 7-13　数据分析报告生成系统的界面效果

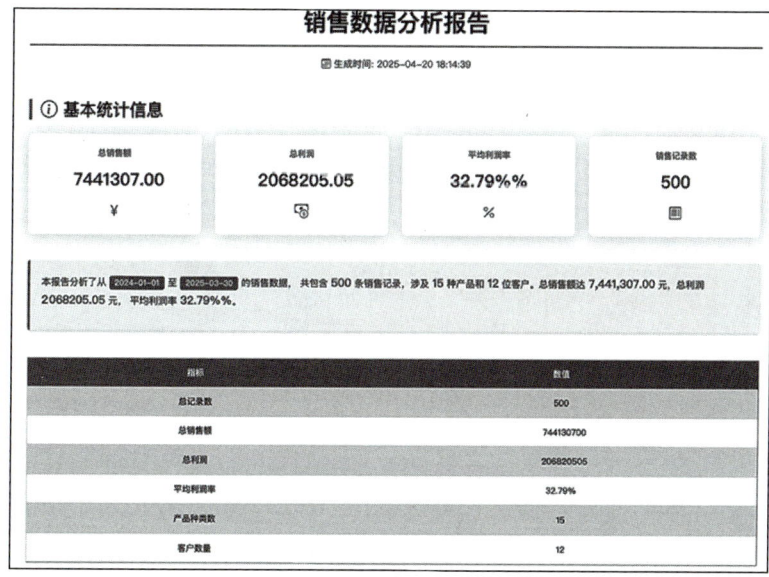

图 7-14　报告基本统计信息

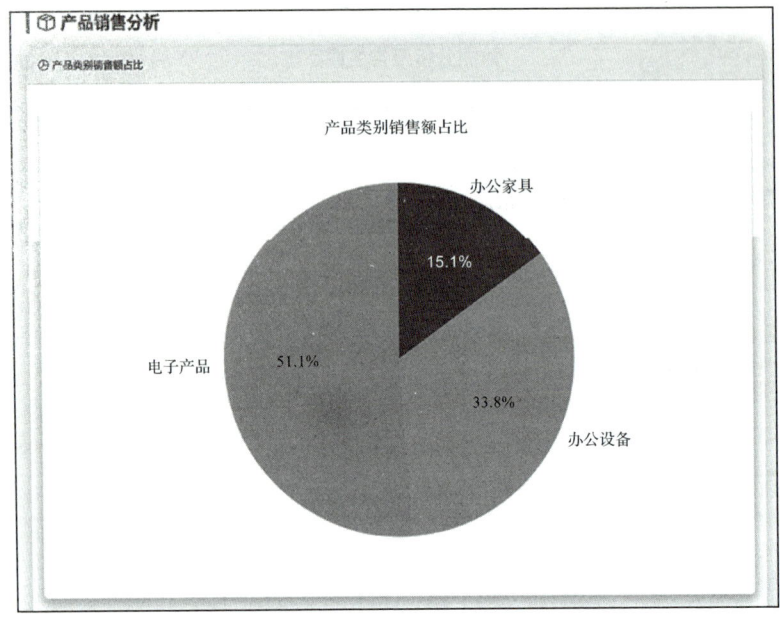

图 7-14 （续）

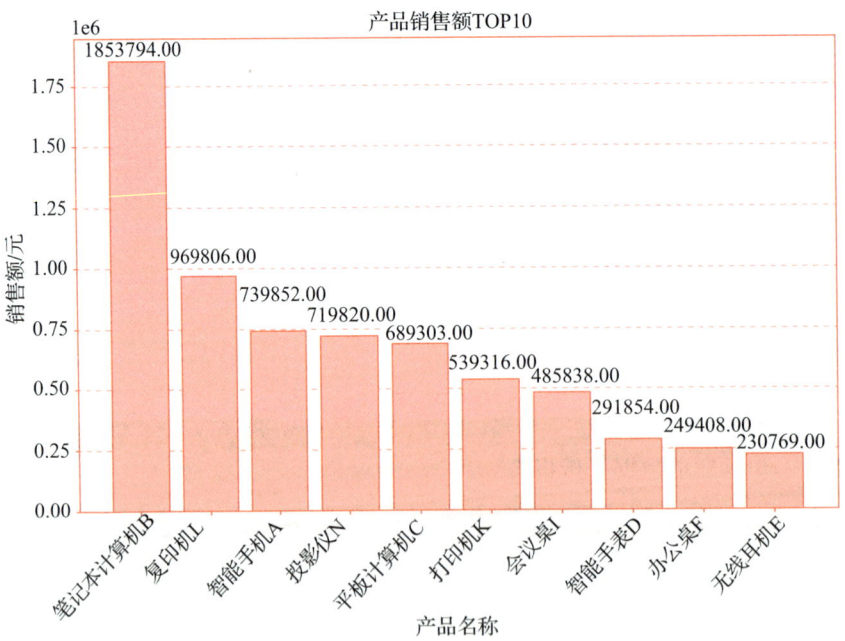

图 7-15　报告销售数据分析

▦ 产品销售TOP10明细

产品名称	总金额	销售数量	利润	平均利润率
笔记本计算机B	1853794	206	471920.21	0.276313
复印机L	969806	194	299373.69	0.339667
智能手机A	739852	148	171171.02	0.265476
投影仪N	719820	180	206395.86	0.314438
平板计算机C	689303	197	169267.13	0.271973
打印机K	539316	284	142571.46	0.294952
会议桌I	485838	162	144394.62	0.331184
智能手表D	291854	146	91566.55	0.343246
办公桌F	249408	192	66177.81	0.301112
无线耳机E	230769	231	87456.84	0.430913

▍🗓 销售时间趋势

   ⌁ 月度销售趋势

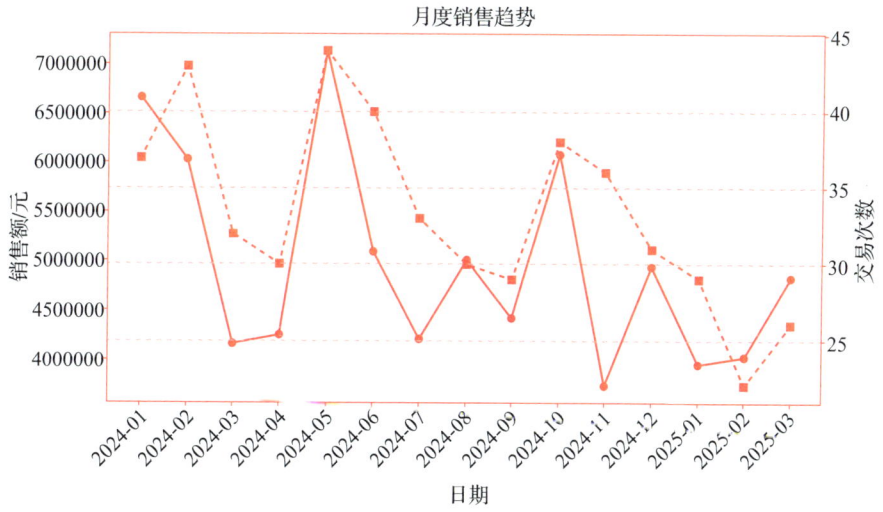

图 7-15（续）

可以看见经过优化之后，用户上传任意 Excel 格式的销售数据之后，系统都可以生成一份这样的数据分析报告。

7.5　常见问题与解决思路

在使用 Windsurf 创建销量数据分析工具的过程中，你可能会遇到一些问题。

以下是常见问题和解决思路，可以帮助你更高效地与 Windsurf 协作，确保数据分析过程顺利进行。

问题 1：如何高效地与 Windsurf 中的 AI 助手沟通分析需求？

答：要想与 Windsurf 中的 AI 助手有效沟通，应遵循以下原则。

- 明确目标：清晰描述你期望实现的分析功能，例如，"我想创建一个能分析与对比各门店销售趋势的工具"。
- 分步提问：将复杂的任务拆解为更小的、更细化的任务，并分步骤进行提问，如先进行数据清洗，再进行可视化。
- 提供示例：如有可能，提供少量样例数据或你期望得到的输出表格/图表样式，帮助 AI 精准理解。
- 迭代反馈：对 AI 生成的代码或结果给出具体、有针对性的反馈，明确指出需要修改或完善的地方。
- 主动学习：当遇到不理解的代码或概念时，可以直接向 AI 提问，例如，"请解释一下这段用于处理缺失值的代码逻辑"。

通过明确而具体的指令，你能更好地引导 AI 完成数据分析任务。

问题 2：我的销售数据格式混乱，如何让 Windsurf 帮忙整理？

答：要处理杂乱的 Excel 文件，可以引导 Windsurf 按以下步骤操作。

- 数据探查：指示 AI "读取这个 Excel 文件，并告诉我数据的基本情况（如列名、数据类型等）"。
- 识别问题数据：指示 AI "检查数据中是否存在缺失值、重复记录或明显的异常数值（如负数销售额）"。
- 规范日期格式：如果日期格式不统一，指示 AI "将所有日期数据转换为'年—月—日'的标准格式"。
- 处理重复项：指示 AI "识别并移除数据中完全重复的销售记录"。
- 结构调整（可选）：若表格结构不利于分析（如宽表转长表），可描述期望的结构，让 AI 尝试转换。

这些步骤将帮助你整理数据，确保其规范化，从而便于后续的分析。

问题 3：如何利用 Windsurf 找出销售表现好的和差的门店？

答：要进行门店绩效对比分析，可以这样向 Windsurf 提问。

- 计算核心指标：指示 AI "计算每个门店的总销售额、平均销售额和总利润"。

- 生成排名：指示 AI "根据总销售额对所有门店进行排名，并列出前 5 名和后 5 名"。
- 多维度评估：询问 AI "除了销售额，我们还可以从哪些维度（如利润率、客单价、增长率）来评估门店表现？请计算并排名"。
- 同比/环比分析：若有历史数据，要求 AI "计算各门店本期销售额相较于上期（或去年同期）的增长率"。
- 探索关联性（进阶）：询问 AI "销售额高的门店在地理位置、产品结构或其他方面是否存在共同特征"。

这些分析将帮助你深入了解门店表现的不同维度，找出表现好的和差的门店。

问题 4：如何让 Windsurf 生成清晰、美观的销售图表？

答：指导 Windsurf 创建可视化图表时，需明确自己的需求。

- 指定图表类型："为月度总销售额创建一个折线图，展示其变化趋势。"
- 确保中文显示："确保图表中的所有中文标签（标题、坐标轴、图例）都能正确显示，避免乱码。"
- 组合图表（Dashboard）：若需在一个视图中展示多个图表，可以要求 AI "将销售趋势折线图、门店销售额条形图和产品类别饼图放在同一个画布上，方便对比"。
- 增强交互性（可选）：询问 AI "生成的图表是否支持鼠标悬停时显示具体数值"。
- 定制外观（可选）：可以向 AI 提出偏好，如 "图表配色方案请使用蓝色或商务风格""请增大坐标轴标签的字号"。
- 添加说明元素：要求 AI "为每张图表添加清晰的标题，并在需要时添加图例和数据来源说明"。

通过精确的图表要求，你能确保生成的图表既美观又清晰，便于后续分析与展示。

问题 5：如何利用 Windsurf 进行销售预测？

答：要让 Windsurf 辅助进行销售预测，可以按以下思路进行。

- 明确预测目标："基于历史销售数据，帮我预测未来三个月的总销售额。"
- 提供历史数据：确保 AI 使用足够且相关的历史数据进行建模，可询问 AI "进行有效预测至少需要多少历史销售数据"。

- 选择或咨询模型：可以直接指定模型（如 ARIMA），或询问 AI "有哪些时间序列预测模型适合我的数据，各自优缺点是什么"。
- 评估与调优：预测后，询问 AI "如何评估这个预测模型的准确性，有哪些方法可以尝试提高预测精度"。
- 结果可视化：要求 AI "生成一个图表，将历史实际销售额与模型的预测值（包括未来预测部分）放在一起进行对比"。

这些步骤将帮助你构建有效的销售预测模型，并通过可视化手段展示预测结果。

问题 6：如何让 Windsurf 创建更易于维护和复用的分析工具？

答：为了使你创建的工具具有更好的可持续性，可以向 Windsurf 提出以下要求。

- 模块化设计：建议 AI "将数据读取、数据清洗、分析计算、图表生成等不同功能的代码封装成独立的函数或模块"。
- 代码复用：询问 AI "如果某段计算逻辑（如计算利润率）需要在多处使用，如何编写能让代码更简洁且易于维护"。
- 添加注释：要求 AI "在关键代码段或复杂逻辑旁边添加中文注释，解释其功能和目的"。
- 错误处理：询问 AI "如何让程序在遇到异常数据（如文件不存在、格式错误）时不会直接崩溃，而是能给出提示或进行容错处理"。
- 参数化配置：建议 AI "能否将一些经常需要调整的参数（如文件路径、分析周期、图表颜色）提取出来，放在程序的开头或配置文件中，以便修改"。
- 增加测试（进阶）：询问 AI "有没有简单的方法可以验证程序的各个部分是否按预期工作"。

通过这些优化，你可以使分析工具更易于维护和复用，确保代码的长期可用性和可扩展性。

这些常见问题和解决思路将帮助你更高效地使用 Windsurf 创建分析工具，解决可能遇到的难题，并确保你能够充分利用 AI 的强大能力来进行数据分析与报告生成。

7.6 结语

本章深入探讨了如何在 Windsurf 平台中使用 DeepSeek 模型来构建数据分析

报告生成系统。通过项目实践，我们系统地掌握了从项目规划到具体实现的完整流程。

首先，我们明确了项目的背景和目标，理解了在Windsurf中使用DeepSeek的重要性，这为后续的开发工作奠定了坚实的技术基础。接着，我们深入学习了自动化数据分析的核心优势，包括提高效率、确保一致性以及降低人工错误等。

在具体功能实现上，我们重点掌握了三个关键模块。

❑ 数据处理与清洗：学会了数据预处理的基本技术。

❑ 可视化图表生成：掌握了自动生成分析图表的方法。

❑ 一键式报告输出：实现了自动化报告生成流程。

通过学习本章，我们不仅理解了模块化设计的重要性，还掌握了如何构建一个可维护、可扩展的系统。在实践过程中，我们也积累了丰富的问题解决经验，学会了如何处理常见的异常情况。

这些知识和经验为我们后续开发更复杂的自动化工具打下了良好基础。在下一章中，我们将学习如何开发自动化工具，这将帮助我们进一步提升软件开发能力，构建更多、更实用的自动化解决方案。

第 8 章 | CHAPTER

开发自动化日报生成工具

在当今快节奏的工作环境中,重复性工作不仅耗时,还容易因人为操作而出错。本章将带领你开发一个自动化日报生成工具,这个工具能够自动收集、整理数据,并生成规范的日常工作报告。

通过这个项目,你将学习如何利用 Windsurf 平台和 DeepSeek 模型来构建实用的自动化工具。我们将从实际工作场景出发,探索如何将烦琐的日报编写过程转化为简单的一键操作。这不仅能大幅提升工作效率,还能确保报告的质量和一致性。

在项目过程中,你将掌握:
- 如何设计直观的自动化工具界面。
- 如何处理和组织多源数据。
- 如何生成格式统一的报告文档。
- 如何优化工具的使用体验。

这个项目特别适合那些需要定期整理工作进展、生成报告的人员。无论你是项目经理、团队负责人,还是需要定期汇报工作的职场人士,这个自动化工具都将极大地提升你的工作效率。

让我们开始这个实用的自动化之旅,一起探索如何让 AI 技术为日常工作提供切实的帮助。通过本章的学习，你将能够构建自己的自动化助手，让烦琐的日常工作变得轻松高效。

8.1 本章学习目标

本章将使用 Windsurf 开发一个数据分析报告生成系统，通过这个案例将帮助你揭开编程的神秘面纱，并初步掌握利用编程解决实际问题的能力。

本章旨在帮助你掌握自动化个人日报工具的开发要点，并通过与 AI 协作完成实践。

（1）理解核心概念
- 明确个人日报工具的基本用途与价值。
- 识别一个有效的日报工具应具备的核心功能模块。
- 认识 AI 编程助手（如 Windsurf）在此类自动化工具开发中扮演的角色与优势。

（2）掌握开发技能
- 学习如何利用 Windsurf 进行初步的系统架构构思。
- 掌握引导 AI 助手生成所需功能代码的方法。
- 实践并提升与 AI 助手进行高效、准确对话的技巧。

（3）积累实践经验
- 熟悉自动化工具开发的基本流程：从需求到实现再到优化。
- 学会如何清晰、具体地向 AI 助手描述需求。
- 通过实际项目，积累与 AI 助手协作开发的宝贵经验。

8.2 了解自动化日报生成工具

1. 什么是自动化日报生成工具

理解我们要构建的工具是什么，以及它能做什么。

简单来说，这是一个旨在帮助个人高效生成与管理工作日报的软件应用。

它的核心价值在于：能够部分自动记录你的工作活动（或极大简化记录过程），并通过一键操作快速生成格式规范、内容完整的日报文档。最终目标是让你从烦琐重复的日报编写工作中解放出来，将宝贵的时间和精力更专注于实际工作本身。

2. 自动化日报生成工具的优势

我们旨在构建的自动化日报生成工具将具备以下核心优势：

1）效率提升：告别手动编写。

- 支持一键生成格式化的日报初稿。
- 能够自动记录或导入部分工作内容（如会议、任务）。
- 显著节省每日手动整理和编写报告所需的时间。

2）智能处理：内容自动优化。

- 根据预设规则或 AI 的理解进行分类整理。
- 自动应用统一的格式调整，确保报告专业性。
- 尝试关键内容提取，突出当日工作重点。

3）数据管理：回顾与追踪。

- 方便进行历史日报的查询与回顾。
- 对记录的工作内容进行简单的统计分析。
- 支持个人进度的概览与追踪。

3. 自动化日报生成工具的使用场景

这款自动化日报生成工具能够有效支持以下多种场景：

- 日常工作汇报：快速完成每日或每周需提交给上级或团队的工作小结。
- 个人工作复盘：作为定期进行个人工作总结和反思的素材来源。
- 项目进度跟踪：方便地记录和回顾特定项目每天的进展情况。
- 时间管理分析：通过回顾历史记录，分析个人时间分配模式，优化工作效率。
- 工作计划制定：基于过往记录和当前状态，为后续工作计划的制定提供参考。

8.3 自动化日报生成工具的核心功能

在开始详细介绍各个功能模块之前，我们需要明确：一个优秀的自动化日报生成工具不仅要能完成基本的日报生成任务，还要能够真正提升用户的工作效率，帮助用户更好地管理和回顾自己的工作内容。基于这个理念，我们将功能体系分为三个层次：基础功能层、智能功能层和个人管理功能层。

8.3.1 基础功能层

这一层的功能是工具的根基，直接关系到用户的日常使用体验。

(1)内容录入
- 提供便捷的手动记录工作条目入口。
- 支持快捷键操作和实时保存机制。
- 集成简单的富文本编辑功能。

(2)一键生成
- 根据当日记录,快速生成格式化的日报文本。
- 支持多种输出格式(纯文本、HTML、Markdown 等)。
- 自动保存生成历史,支持版本回溯。

(3)模板定制
- 允许用户自定义日报的固定格式、抬头、结尾等内容。
- 提供可视化的模板编辑体验。
- 支持多模板管理和切换。

(4)预览编辑
- 在最终生成前,提供实时预览功能。
- 支持在预览界面直接进行内容调整。
- 自动检查格式规范。

8.3.2 智能功能层

这一层利用智能化技术,为用户提供更高效的辅助功能。

(1)智能分类
- 自动对录入的工作内容进行分类或打标签。
- 支持按项目、任务类型等多维度分类。
- 提供自定义分类规则的能力。

(2)时间估算
- 根据记录内容或特定标记自动估算时间花费。
- 基于历史数据持续优化估算准确度。
- 生成工作时间分布统计。

(3)重点提取
- 智能识别并高亮显示当日的关键工作成果或要点。
- 自动生成工作内容的关键要点概述。
- 提供重要程度的智能排序。

（4）格式美化
- 自动调整排版、对齐等，确保报告的专业外观。
- 提供多种预设主题样式。
- 确保在不同设备上的显示效果一致。

8.3.3 个人管理功能层

这一层着眼于长期使用价值，帮助用户更好地管理和利用日报数据。

（1）历史回顾
- 提供便捷的历史日报查询和浏览功能。
- 支持多维度搜索和筛选。
- 可视化展示工作历程和重要里程碑。

（2）工作统计
- 按项目、时间等维度统计工作量。
- 生成直观的数据可视化图表。
- 提供工作效率趋势分析。

（3）进度追踪
- 辅助用户回顾个人工作进展。
- 设置和追踪工作目标。
- 及时提醒待办事项和重要节点。

（4）数据导出
- 支持将日报数据导出为多种格式。
- 提供数据备份和恢复功能。
- 确保数据安全和隐私保护。

8.3.4 功能使用建议

为了让用户能够更好地利用这些功能，我们建议：

（1）循序渐进
- 先熟悉基础功能，确保日常使用顺畅。
- 逐步探索智能功能，提升使用效率。
- 根据个人需求选择性使用管理功能。

（2）持续积累
- 养成每日记录的习惯。

- 定期回顾和总结。
- 利用统计分析优化工作方式。

通过这些功能的合理运用，用户可以构建一个高效的个人工作管理系统，真正实现工作效率的提升。

8.4 具体实现步骤：构建你的自动化日报生成工具

以下步骤将引导你如何与 AI 工具（Windsurf）交互，从简单的需求开始设计基础界面，逐步构建并优化最终生成一个专属的自动化日报生成工具。

8.4.1 第一步：设计基础界面

在对话框中输入初始需求：

> 我想开发一个个人自动化日报生成工具，首先需要一个简单的操作界面，包含工作内容记录和日报生成功能，请帮我设计并生成代码

可以看见 Windsurf 很快生成了初始工具构建示例，如图 8-1 所示。

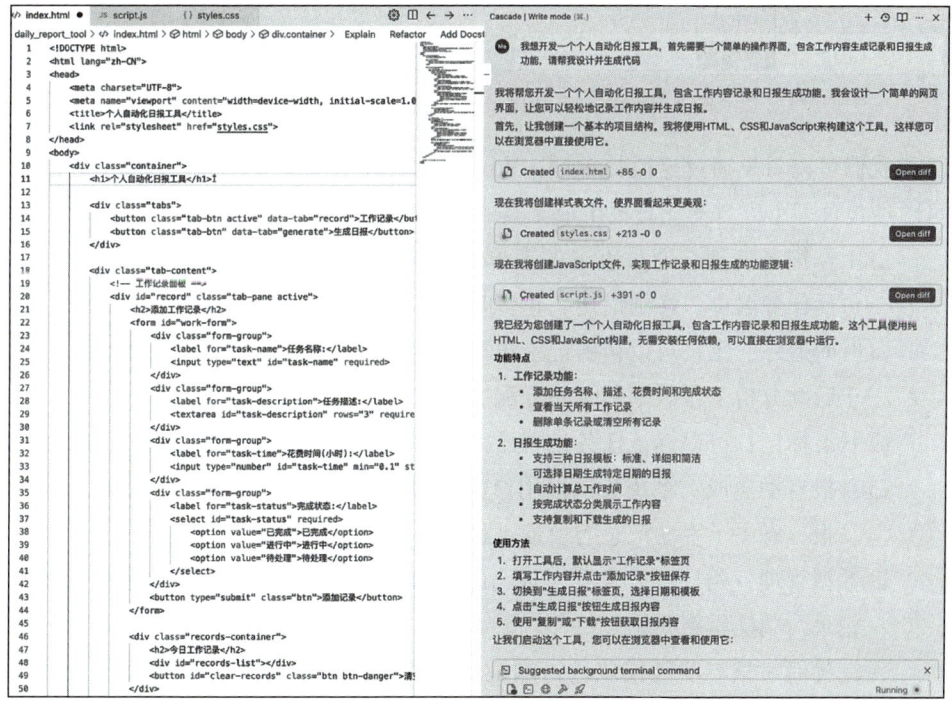

图 8-1　Windsurf 中初始工具构建示例

我们单击运行看看这里构建的个人自动化日报生成工具的初始效果，如图 8-2 所示。

图 8-2　个人自动化日报生成工具的初始效果

我们可以看见通过这段提示词，Windsurf 已经对基本界面框架已经实现，并且已经包含了个人自动化日报生成工具的核心功能。

- 工作记录管理：通过直观的表单界面，用户可以轻松添加日常工作任务，包括任务名称、详细描述、花费时间以及完成状态。
- 时间追踪：用户可以精确记录每项任务所花费的时间（以小时为单位），便于后续分析工作效率和时间分配。
- 状态标记：可以标记任务是否已完成，帮助用户清晰了解当日工作进度。
- 日报自动生成：系统会根据用户输入的工作记录，自动整合生成规范化的日报，省去了手动汇总的烦琐过程。
- 数据管理：用户可以查看当日已添加的所有工作记录，也可以通过"清空记录"功能重新开始。

现在我们对核心功能模块进行测试，查看 DeepSeek 是否已经帮我们实现了这些功能。让我们尝试输入一些工作记录（如图 8-3 所示），并进行查看添加的工作记录（如图 8-4 所示），之后再单击"添加记录"按钮，检查我们上传的记录是否已经添加成功。

图 8-3　个人日报基本框架

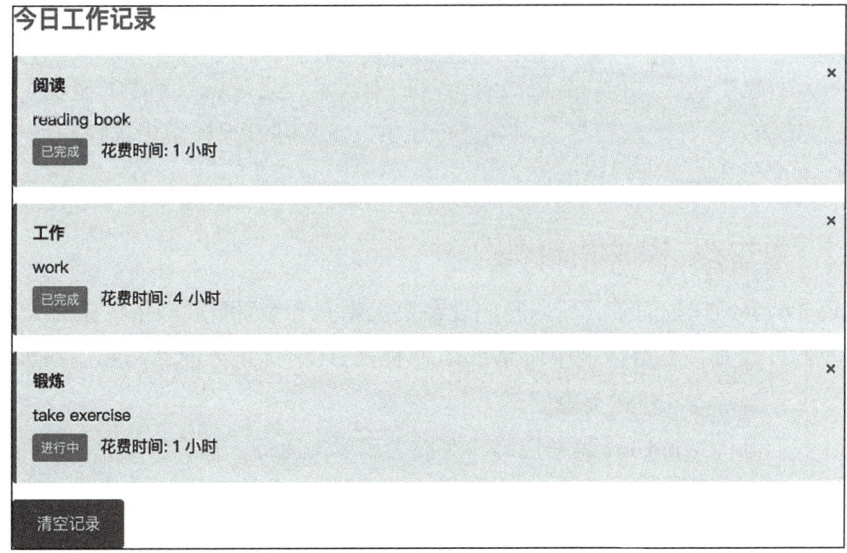

图 8-4　已添加的今日工作记录

可以看见我们上传的日报信息已经被添加到今日工作记录中了，现在让我们切换到生成日报界面，选择标准模板的生成样式，单击"生成日报"按钮查看效果（如图 8-5 所示）。

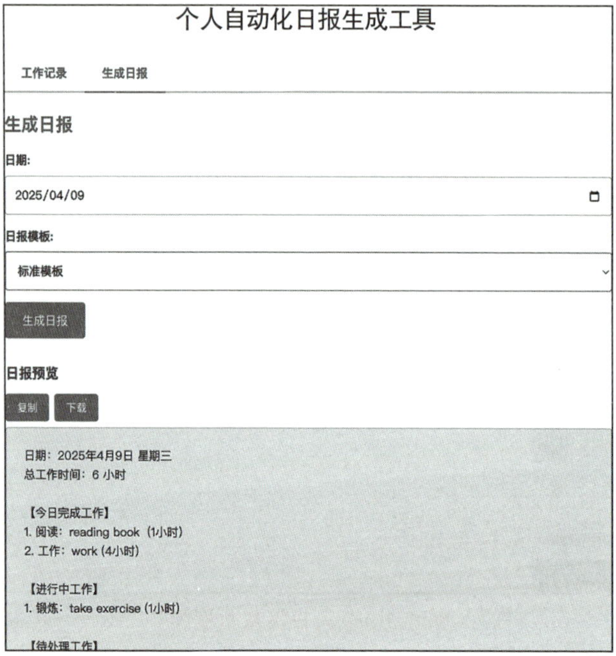

图 8-5 生成日报的效果

可以看见生成的日报内容已经符合我们的需求，之后可以单击"复制"或者"下载"按钮对今日生成日报的内容进行导出，或者在日报模板中选择别的模板，按照自己喜欢的样式进行导出。

8.4.2 第二步：完成界面优化

现在的界面比较简单，所以我们现在要优化一下界面布局和用户界面。

我们可以直接在对话框中向 Windsurf 提出："请优化界面布局和用户界面设计，要求界面精美，样式美观。"

让我们等待 Windsurf 编写代码，完成之后单击运行，查看已经完成优化的界面，如图 8-6 所示。

让我们切换到生成日报的界面使用自定义模式查看效果，如图 8-7 所示。

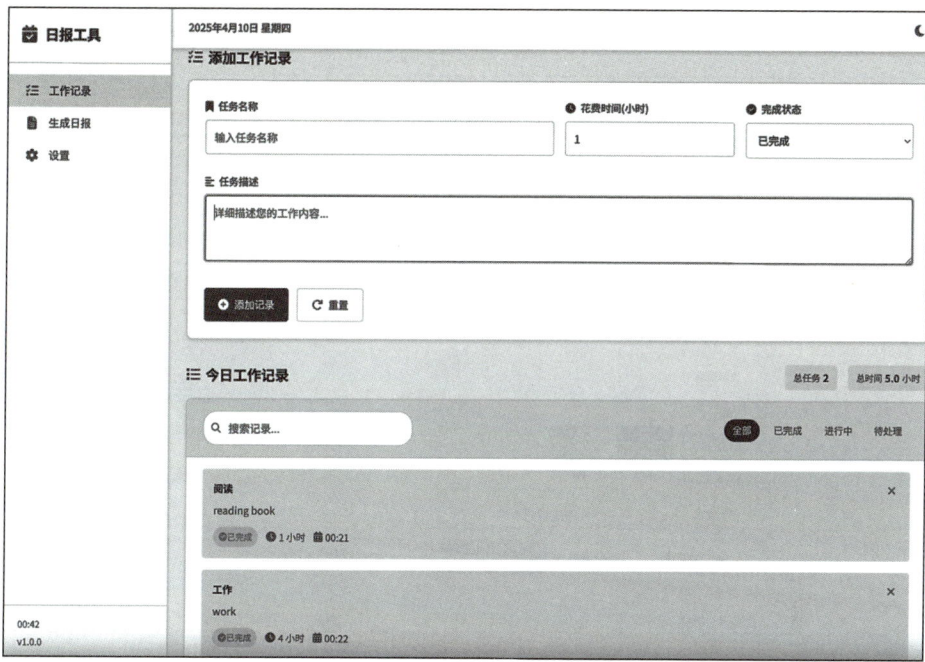

图 8-6　完成优化之后的界面

图 8-7　生成日报的界面

让我们切换到设置界面查看个性化设置的功能，如图 8-8 所示。

图 8-8　日报工具的个性化设置界面

可以看到我们的个人日报工具已经有了一些个性化的设置。下面对目前已经实现的功能进行总结。

（1）工作记录功能

❑ 添加工作记录：记录任务名称、详细描述、花费时间和完成状态。

❑ 记录管理：支持删除单条记录或清空所有记录。

❑ 搜索与过滤：可按关键词搜索或按完成状态（已完成/进行中/待处理）过滤记录。

❑ 统计信息：自动计算总任务数和总工作时间。

（2）日报生成功能

❑ 多种模板：支持四种日报模板（标准、详细、简洁、自定义）。

❑ 自定义选项：可选择包含的内容部分（工作概览、已完成工作、进行中工作等）。

❑ 格式选择：支持多种输出格式。

- 日期选择：可生成任意日期的工作日报。
- 一键操作：支持复制和下载生成的日报。

（3）数据管理功能

- 本地存储：所有数据保存在浏览器的 localStorage 中，关闭浏览器数据不会丢失。
- 数据导出：可将所有工作记录导出为 JSON 文件备份。
- 数据导入：支持从之前导出的文件中恢复数据。
- 数据清理：可清空所有历史数据。

（4）界面与用户体验功能

1）现代化界面。

- 侧边栏导航：直观的功能区分和切换。
- 卡片式设计：清晰的内容区块划分。
- 图标辅助：使用图标增强视觉识别度。

2）个性化设置。

- 主题切换：支持浅色/深色主题，可手动切换或跟随系统设置。
- 个人信息：可设置姓名和部门信息，自动添加到生成的日报中。

3）用户体验优化。

- 通知系统：操作后提供即时反馈。
- 时间显示：实时显示当前日期和时间。
- 响应式设计：适配不同屏幕尺寸的设备。

后面我们可以通过我们的需求对界面进行进一步的设计，和功能的拓展。

8.4.3　实用开发技巧：与 AI 高效协作

1）如何更精准地向 AI 描述需求？

- 明确场景：清晰说明工具是为个人日常使用，而非团队或企业级应用。
- 说明习惯：描述你的典型操作流程，例如，"我习惯先快速记录要点，晚上再统一整理生成日报"。
- 描绘体验：表达你对最终使用感受的期望，例如，"希望界面极简，录入信息时干扰最少""按钮要大，容易单击"。

2）如何与 AI 助手进行高效对话？

- 先主后次：首先确保最核心的功能（如记录、生成）能够基本工作。

- 逐步迭代：一次专注于添加或优化一两个相关联的功能点，避免一次性提出过于复杂的需求。
- 及时反馈：运行 AI 生成的代码，立即测试。发现问题或有新想法时，马上向 AI 反馈并要求调整或修正。

8.5 常见问题与解决思路

在开发和使用过程中，你可能会遇到一些常见的使用体验和开发相关的问题。以下是详细的问题解析和解决思路，帮助你更好地解决这些问题，并通过 Windsurf 和 DeepSeek AI 助手获得支持。

问题 1：如何改善操作不便的问题？

答：优化操作流程可以从以下几个方面着手。

- 明确痛点：记录完成特定任务需要的具体步骤数，识别烦琐环节。
- 与 AI 助手沟通：可以这样向 Windsurf 描述，"我发现完成 X 任务需要单击 n 次，能否帮我优化这个流程？"。
- 示例对话："在数据导入功能中，需要经过"选择文件"→"预览"→"映射字段"→"确认导入"四个步骤，感觉比较烦琐。"
- Windsurf："我们可以通过以下方式简化，①添加文件拖拽功能，②实现字段自动映射，③记住上次的映射配置，下面我将开始进行优化。"
- 验证改进：对比优化前后的操作步骤，确保真正提升了效率。

问题 2：如何处理界面过于复杂的问题？

答：界面优化可以遵循以下原则。

- 与 AI 协作优化：向 DeepSeek 描述，"请帮我分析当前界面的问题，并给出优化建议。"
- 示例对话："我的数据分析界面包含太多按钮和选项，用户经常找不到需要的功能。"
- DeepSeek："建议采用以下优化方案，①创建快速操作栏，放置最常用的 5 个功能，②使用下拉菜单组织次要功能，③添加搜索功能帮助定位特定操作。"

问题 3：如何解决系统响应慢的问题？

答：性能优化可以从多个层面进行。

- AI 辅助诊断：可以向 Windsurf 请求"请分析这段代码的性能瓶颈。"
- 示例对话："这个数据处理函数执行很慢，特别是处理大量数据时。"
- Windsurf："让我们逐步分析和优化，①发现当前循环中存在重复计算，②建议添加缓存机制，③可以使用并行处理。"

问题 4：遇到不理解的代码该如何处理？

答：代码理解可以通过以下方式提升。

- AI 代码解释：向 DeepSeek 提问"请解释这段代码的功能和实现逻辑。"
- 示例对话：用户 [选中代码片段]"这段数据处理的代码逻辑比较复杂，能否解释一下？"
- DeepSeek："这段代码主要实现了以下功能，①进行数据清洗……，②使用聚合函数……，③进行结果排序……"。

问题 5：如何完善功能不足的问题？

答：功能完善可以按照以下步骤进行。

- 需求沟通：向 Windsurf 描述"我需要添加 X 功能，主要用于解决 Y 问题。"
- 示例对话："我需要添加数据导出功能，支持多种格式。"
- Windsurf："我可以帮你实现以下功能，① Excel 导出支持，② CSV 格式转换，③ JSON 数据导出"。

问题 6：如何改善使用体验不顺畅的问题？

答：交互优化可以从以下方面入手：

- AI 交互建议：向 DeepSeek 请教"如何改善用户操作体验？"。
- 示例对话："用户反馈操作流程不够直观，经常需要查看帮助文档。"
- DeepSeek："建议添加以下改进，①实现引导式操作提示，②添加悬停提示信息，③提供操作预览功能"。

问题 7：如何高效利用 AI 助手进行开发？

答：与 AI 助手的高效协作可以遵循以下原则。

- 清晰的需求描述：①提供具体的场景和目标；②附上相关的代码或截图；③说明期望的结果。
- 示例对话："我需要实现数据可视化功能，主要展示销售趋势。"
- Windsurf："好的，让我们逐步实现，①首先确认数据格式，②选择合适的图表类型，③实现交互功能，请提供一些示例数据，我们开始实现。"

- 迭代优化：①对 AI 的回答进行验证；②提供具体的修改建议逐步完善功能实现。

通过与 Windsurf 和 DeepSeek 的有效协作，你可以更快速地解决开发中遇到的问题，提升开发效率和产品质量。记住要善于利用 AI 助手的优势，通过清晰的沟通获得最佳的支持。

8.6 结语

本章深入探讨了如何利用 AI 编程助手开发自动化日报生成工具，这是一个既实用又富有挑战性的项目。通过本章的学习，我们掌握了以下几个关键概念：

（1）核心能力
- 掌握了使用 AI 编程助手从零开始开发的完整流程。
- 学会了如何将复杂需求拆解为可实现的小步骤。
- 理解了个人工具开发的基本架构和设计思路。

（2）协作技巧
- 学会了与 AI 助手进行清晰有效的需求沟通。
- 掌握了迭代开发中的反馈和优化方法。
- 理解了如何引导 AI 生成更符合预期的代码。

（3）设计思维
- 理解了个人工具设计中的简洁性原则。
- 掌握了用户体验优化的基本方法。
- 学会了如何平衡功能性和易用性。

在设计和开发个人工具时，需要特别注意以下原则：

（1）功能实用为王
- 始终关注核心需求的解决。
- 避免过度设计和冗余功能。
- 确保每个功能都有其实际价值。

（2）操作简单直观
- 保持界面设计的清晰简洁。
- 减少用户操作的认知负担。
- 提供直观的功能引导。

（3）数据安全保障

- 实现可靠的本地数据存储。
- 注重个人信息的保护。
- 提供必要的数据备份功能。
- 持续迭代改进。

通过这些原则的指导，我们能够开发出真正满足个人需求、易于使用且可靠的自动化工具。在实际应用中，要始终记住工具是服务于使用者的，功能再多也不如一个真正解决问题的核心功能来得重要。

在下一章中，我们将探讨如何将这些开发经验用到本地事务提醒助手中，进一步提升我们的工具开发能力。这些知识和技能将帮助我们在未来的个人效率提升之路上走得更远。

第 9 章 CHAPTER

开发本地事务提醒助手

在掌握了数据分析报告生成系统和自动化日报生成工具的开发经验后,本章将开发一个更贴近日常使用的应用——本地事务提醒助手。这个项目将帮助用户管理和追踪各种日常事务,从待办事项到重要提醒,让生活和工作更有条理。

通过 Windsurf 编辑器和 DeepSeek 的协助,我们将把前面学到的 Python 编程技能运用到实际应用开发中。这个项目不仅能巩固已学的知识,还将引入新的编程概念和设计模式,帮助你进一步提升软件开发能力。

在本章中,你将学习:

- ❏ 如何设计和实现本地数据存储。
- ❏ 如何构建用户友好的界面。
- ❏ 如何实现事务管理的核心逻辑。
- ❏ 如何添加自动化提醒功能。

这个项目特别适合想要提升实战经验的开发者。通过开发这个实用工具,你将深入理解桌面应用开发的各个环节,从需求分析到最终部署的完整流程。

让我们开始构建这个实用的本地事务处理助手吧。记住,当你遇到技术难题时,可以随时向 DeepSeek 寻求帮助,它将为你提供专业的指导和解决方案。

9.1 本章学习目标

本项目旨在提供简洁高效的提醒管理系统，帮助用户创建、编辑、删除和查看各类提醒事项，避免遗忘重要事务，并需要完成以下目标：

- 实现本地化存储：所有数据存储在用户本地，确保用户隐私和数据安全，无须依赖云服务。
- 打造现代化用户界面：采用卡片式布局、精心设计的色彩方案和交互元素，提供愉悦的视觉体验。
- 支持多样化的提醒功能：包括单次提醒和重复提醒（每天、每周、每月或自定义周期），满足不同场景需求。
- 提供分类管理：允许用户对提醒进行分类，便于组织和查找。
- 灵活的筛选和搜索：支持按类别、优先级、完成状态等条件筛选，以及基于关键词的搜索功能。

关于用户体验设计需要达到的目标：

- 现代化界面：采用扁平化设计、圆角元素和精心调配的色彩方案，营造简洁现代的视觉效果。
- 交互反馈：按钮悬停效果、表单焦点状态变化等交互设计，提升用户操作体验。
- 直观的表单设计：清晰的表单布局和输入控件，降低用户操作难度。
- 响应式布局：合理的空间分配和组件大小，确保在不同屏幕尺寸下的良好显示效果。
- 视觉层次：通过卡片式布局、标题样式和颜色对比，创建清晰的视觉层次，引导用户的注意力。

9.2 了解本地事务提醒助手

1. 什么是本地事务提醒助手

在动手之前，先清晰理解我们要构建的应用是什么，它能做什么，以及有哪些核心特点。本地事务提醒助手是一个安装并运行在你个人计算机上的桌面应用程序。它区别于云端服务或网页应用，主要特点包括：

- 独立运行：核心功能无须连接互联网，所有提醒数据都安全地存储在本地设备上。

- 轻量高效：通常设计为启动迅速，占用系统资源（CPU、内存）较少。
- 简单易用：追求界面简洁明了，用户操作直观，上手门槛低。
- 可靠安全：确保提醒准时触发，不易遗漏；本地数据存储相对更易掌控隐私。

它的核心价值在于：帮助用户有效管理个人日程、待办事项和重要日期，通过及时的、个性化的提醒功能，确保用户不会错过任何关键的时间节点或任务。

2. 本地事务提醒助手的优势

我们即将构建的"本地事务提醒助手"具有以下显著优势：

（1）提高工作与生活效率

- 告别遗忘：确保不再错过重要的会议、截止日期或个人事务。
- 智能管理：可支持对任务进行简单的分类、设置优先级和循环提醒。
- 省时便捷：相较于手动翻阅日历或便签，极大减少查找和记录待办事项的时间。

（2）降低使用与获取成本

- 无须付费：自己开发，避免购买可能功能冗余或需要订阅的商业软件。
- 量身定制：完全根据你个人的具体需求和使用习惯来设计功能。
- 长期价值：一次开发投入，可持续免费使用，长期来看极具成本效益。

（3）创造个人成长与潜在机会

- 经验积累：在实践中掌握使用 AI 辅助开发本地应用或脚本的经验。
- 技能拓展：可能启发你为自己或他人开发更多个性化的实用小工具。
- 能力提升：增强个人的技术应用能力和解决问题的能力，提升职业竞争力。

3. 本地事务提醒助手的使用场景

这款本地事务提醒助手可以广泛应用于个人生活的方方面面：

（1）个人健康管理

- 定时提醒吃药、喝水或进行运动。
- 设置定期体检或复查的提醒。
- 辅助建立规律的作息时间表。

（2）工作效率提升

- 重要会议或电话前提醒。
- 追踪项目里程碑或截止日期。

❑ 提醒进行重要的工作文件定期备份。
❑ 日报 / 周报等周期性任务的提交提醒。

（3）生活事务管理

❑ 水电煤网费、信用卡还款、房租等定期缴费提醒。
❑ 生日、纪念日等重要日期的提醒。
❑ 家庭日常事务提醒，如浇花、遛狗、取快递等。

（4）学习计划执行

❑ 课程上课或在线讲座开始前提醒。
❑ 作业、论文提交截止日期提醒。
❑ 复习计划中各阶段性目标的提醒。

9.3 本地事务提醒助手的核心功能

在现代的工作和生活中，合理的时间管理和任务提醒可以大大提高效率。为了帮助用户更好地管理日常事务，本地事务提醒助手提供了一些强大的功能。接下来，我们将介绍本地事务提醒助手中的核心功能。

9.3.1 提醒创建与管理

（1）提醒创建

本地事务提醒助手允许用户创建详细的提醒事项，每个提醒可包含以下信息：

❑ 标题：简明扼要地描述提醒内容。
❑ 详细描述：提供关于提醒的更多背景信息和细节。
❑ 日期和时间：设置提醒的具体时间点。
❑ 优先级：可设置为高、中、低三个等级，以便区分任务重要性。
❑ 类别：将提醒归类到用户自定义的类别中。
❑ 完成状态：标记提醒是否已完成。

创建提醒时，系统提供了直观的表单界面，用户可以轻松填写所有必要信息。对于重复性提醒，用户可以在创建时直接设置重复规则，无须多次创建相似的提醒。

（2）提醒编辑

用户可以随时编辑已创建的提醒，修改包括：

- 更新提醒的任何属性（标题、描述、时间等）。
- 调整提醒的优先级或类别。
- 更改提醒的重复规则。
- 添加或删除提醒通知时间。

编辑界面与创建界面保持一致，确保用户体验的连贯性。系统会保留提醒的修改历史，便于追踪变更。

（3）提醒删除

用户可以删除不再需要的提醒。删除操作支持：
- 单个提醒删除。
- 批量删除选定的多个提醒。
- 删除已完成的所有提醒。

系统会在执行删除操作前请求用户确认，防止意外删除重要信息。

9.3.2 提醒通知系统

（1）多层次通知时间

本地事务提醒助手支持为每个提醒设置多个通知时间点：
- 事件发生时通知。
- 提前自定义时间通知（如提前 15 分钟、1 小时、1 天等）。
- 支持添加多个提前通知时间点。

用户可以根据提醒的重要性和准备所需时间，灵活设置合适的通知时间点。

（2）通知方式

系统提供多种通知方式，确保用户不会错过重要提醒：
- 桌面弹窗通知：在屏幕上显示提醒内容。
- 声音提醒：播放可选的提示音。
- 视觉提醒：任务栏图标变化或闪烁。

通知内容包含提醒的关键信息，如标题、时间和优先级，用户可以直接从通知界面标记提醒为已完成或延迟提醒。

（3）通知管理

用户可以管理通知的行为和显示方式：
- 设置通知的持续时间。
- 配置通知的显示位置。

- 选择是否在锁屏状态下显示通知。
- 暂时禁用特定类别的通知。

9.3.3 重复提醒设置

（1）预设重复模式

系统提供常用的重复模式预设：

- 每日重复：适用于日常习惯和例行任务。
- 每周重复：可选择一周中的特定几天，适合固定会议或活动。
- 每月重复：可选择每月的特定日期（如每月第一个星期一）。
- 每年重复：适用于生日、纪念日等年度事件。

（2）自定义重复规则

对于不符合标准模式的重复需求，用户可以创建自定义重复规则：

- 设置特定间隔的重复（如每 3 日、每 2 周、每 6 个月）。
- 设置重复的开始和结束日期。
- 设置重复的次数限制。

（3）重复提醒的例外处理

系统允许用户为重复提醒设置例外情况：

- 跳过特定日期的重复。
- 修改特定重复实例的时间或内容，而不影响其他重复。
- 临时暂停重复规则，稍后恢复。

9.3.4 分类与标签系统

（1）类别管理

用户可以创建和管理提醒类别，以便更好地组织不同类型的提醒：

- 创建自定义类别（如工作、学习、家庭等）。
- 为类别设置名称和可选的颜色标识。
- 编辑或删除现有类别。
- 将提醒从一个类别移动到另一个类别。

系统预设了一些常用类别，新用户可以直接使用或根据需要修改。

（2）优先级标记

每个提醒可以设置优先级，帮助用户识别最重要的任务：

❑ 高优先级：紧急且重要的任务，视觉上使用红色标识。
❑ 中优先级：重要但不紧急的任务，视觉上使用橙色标识。
❑ 低优先级：常规任务，视觉上使用绿色标识。

优先级信息在列表视图中清晰显示，用户可以快速识别需要优先处理的任务。

（3）完成状态跟踪

系统跟踪每个提醒的完成状态：

❑ 未完成：默认状态，表示任务尚未完成。
❑ 已完成：用户可以标记任务为已完成。
❑ 部分完成：适用于包含多个子任务的复杂提醒。

已完成的提醒可以选择性地从主视图中隐藏，但仍可通过筛选查看，便于回顾已完成的任务。

9.3.5 搜索与筛选功能

（1）全文搜索

强大的搜索功能允许用户快速找到特定提醒：

❑ 搜索提醒的标题和详细描述。
❑ 支持关键词和短语搜索。
❑ 实时搜索结果显示，随着输入内容的变化而更新。

搜索结果按相关性排序，并高亮显示匹配的文本部分。

（2）多条件筛选

用户可以使用多种条件组合筛选提醒：

❑ 按类别筛选。
❑ 按优先级筛选。
❑ 按完成状态筛选（已完成/未完成）。
❑ 按日期范围筛选（今日、本周、本月、自定义日期范围）。

筛选条件可以组合使用，例如"本周内的高优先级工作类别提醒"。

（3）排序选项

提醒列表可以按照不同条件排序：

❑ 按日期时间排序（最近的优先或最远的优先）。
❑ 按优先级排序（高到低或低到高）。
❑ 按创建时间排序。

- 按标题字母顺序排序。

用户可以根据当前需求灵活切换排序方式。

9.3.6 多视图显示

（1）列表视图

默认的列表视图以条目形式显示所有提醒：

- 每个提醒显示为一行，包含关键信息（标题、时间、优先级等）。
- 支持展开查看提醒的详细信息。
- 提供快速操作按钮（完成、编辑、删除）。
- 按时间顺序或其他用户选择的顺序排列。

列表视图适合快速浏览和管理大量提醒。

（2）日历视图

日历视图以日历格式展示提醒：

- 按月、周或日显示提醒。
- 在对应日期上显示提醒数量和简要信息。
- 点击日期可查看当天的详细提醒列表。
- 支持拖放操作调整提醒日期。

日历视图帮助用户了解提醒的时间分布，识别繁忙和空闲的时间段。

（3）统计视图

统计视图提供提醒数据的可视化分析：

- 显示不同类别提醒的数量分布。
- 展示已完成和未完成提醒的比例。
- 按时间段（日、周、月）显示提醒完成情况。
- 提供优先级分布的统计信息。

统计视图帮助用户了解自己的任务完成效率和时间分配情况。

9.3.7 数据管理与安全

（1）本地数据存储

- 所有提醒数据存储在用户本地设备上。
- 使用SQLite数据库进行高效存储和检索。
- 数据文件存放在用户专用目录，确保访问权限。
- 定期自动保存，防止数据丢失。

- 本地存储确保用户数据隐私，不会被上传到云端或第三方服务器。

（2）数据备份与恢复

- 系统提供数据备份和恢复功能。
- 手动触发备份，将数据导出到用户指定位置。
- 自动定期备份，保护数据安全。
- 从备份文件恢复数据的简单流程。
- 支持选择性恢复（如仅恢复特定类别的提醒）。
- 备份文件采用加密格式，保护敏感信息安全。

（3）数据导入导出

- 支持与其他系统交换数据。
- 导出提醒数据为通用格式（如 CSV、iCalendar）。
- 从其他日历或任务管理工具导入数据。
- 批量导入导出功能，便于系统迁移。

9.3.8 用户界面与交互

（1）现代化界面设计

应用现代化的界面设计：

- 卡片式布局，清晰分隔不同功能区域。
- 精心设计的色彩方案，提供舒适的视觉体验。
- 响应式设计，适应不同屏幕尺寸。
- 支持浅色和深色主题，适应不同使用环境。

（2）交互优化

优化的用户交互体验：

- 拖放操作支持（如拖动提醒到不同日期或类别）。
- 右键菜单提供上下文相关的快捷操作。
- 键盘快捷键支持，提高操作效率。
- 平滑的动画效果，增强视觉反馈。

（3）可访问性设计

考虑不同用户需求的可访问性设计：

- 支持屏幕阅读器，便于视障用户使用。
- 可调整的字体大小和对比度。

❏ 键盘导航支持，减少鼠标依赖。
❏ 颜色设计考虑色盲用户的需求。

本地事务提醒助手通过这些核心功能，为用户提供了一个全面、灵活且易用的提醒管理系统。它不仅满足基本的提醒需求，还通过先进的分类、筛选、重复规则和多视图展示等功能，帮助用户更有效地组织时间和任务。同时，本地存储的特性确保了数据隐私和安全，使其成为一个值得信赖的个人和工作生活助手。

9.4 具体实现步骤：构建你的本地事务提醒助手

我们将详细介绍如何使用 Windsurf 开发一个本地事务提醒助手，从启动准备到最终完善，每个步骤都有清晰的操作指南。

9.4.1 第一步：开发之前的准备工作

在开始开发之前，我们需要完成以下准备工作：

❏ 启动 Windsurf 应用程序
❏ 在本地创建名为"本地事务提醒助手"的项目文件夹
❏ 等待 Windsurf 主界面加载完成

9.4.2 第二步：开始应用开发

1. 需求梳理阶段

核心目标：利用 AI 的理解与推理能力，将模糊想法转化为结构化的需求文档，特别适合编程经验较少的用户。

2. 具体步骤

1）选择推理模型。

❏ 推荐使用 DeepSeek R1 模型，它具有强大的自然语言理解能力。
❏ 在 Windsurf 的模型选择列表中找到并选择 DeepSeek R1（如图 9-1 所示）。

2）输入初步想法。

❏ 打开 Write 模式的对话框。
❏ 用清晰的自然语言描述应用需求。

DeepSeek 提示词示例：

> 我想开发一个本地事务提醒助手，请帮我写一份需求文档。

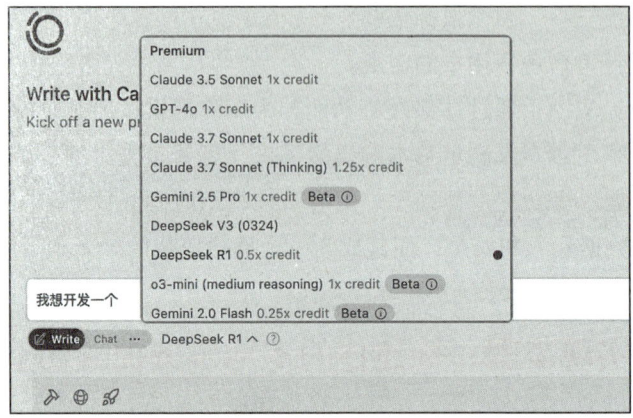

图 9-1　DeepSeek R1 模型选择示例

3）AI 处理与生成。

- Windsurf 会解析你的自然语言指令。
- AI 将生成包含功能列表和界面建议的需求文档（如图 9-2 所示）。

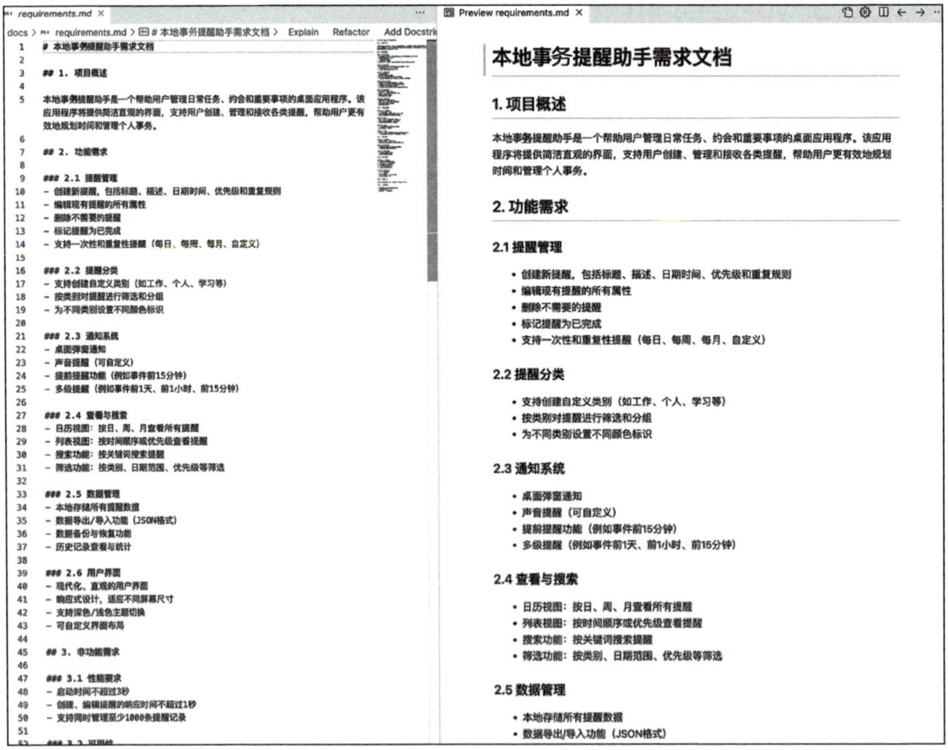

图 9-2　DeepSeek 需求文档生成示例

4)审查与调整。

- 仔细阅读 AI 生成的需求文档。
- 检查功能描述和界面布局是否符合预期。
- 可以要求添加新功能或修改设计,如增加"提醒优先级"功能。
- 持续与 AI 交互,直到需求文档完全满意。

9.4.3 第三步:实现开发阶段

具体步骤:

1)选择编码模型。

- 切换到更适合代码生成的模型,如 Claude-3.7-sonnet。
- 在 Windsurf 的模型列表中进行切换(如图 9-3 所示)。

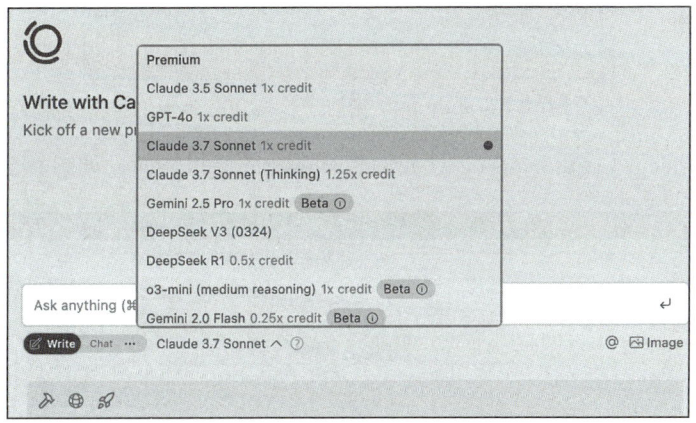

图 9-3 切换更加强大的编码模型示例

2)下达开发指令。

- 在 Write 模式下发出明确的编码指令。
- AI 提示词示例。

> 请你阅读刚刚生成的需求文档,使用 `Python` 和 `PyQt/Tkinter` 来实现这个提醒助手。

3)AI 编写代码。

- Windsurf 开始分析需求并生成相应代码。
- 实时查看文件创建和代码填充过程。

4）安装依赖。

☐ 等待 AI 完成初步编码。

☐ 按提示安装必要的外部依赖库。

5）运行与测试。

☐ 按 Windsurf 指引运行应用程序（见图 9-4）。

☐ 测试核心功能的实现情况。

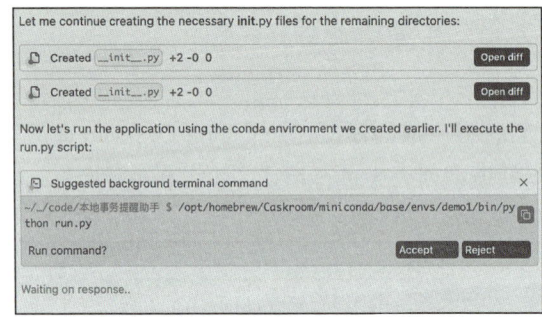

图 9-4 Windsurf 指引运行应用程序示例

单击 Accept（接受）之后，让我们查看运行的结果界面，如图 9-5 所示。

图 9-5 本地事务提醒助手示例

让我们新建一个提醒，测试一下本地事务提醒助手的一些功能情况，如图 9-6 所示。

图 9-6　新建提醒示例

现在我们已经可以通过新建提醒放在列表视图窗口中了，让我们测试其他功能是否可以正常使用。

单击"编辑提醒"按钮，将更改提醒为工作，时间设置为早上 9 点，在列表视图中查看效果，如图 9-7 所示。

可以看到左下角已显示我们更新后的提醒内容。通过图 9-7，现在我们可以清晰地看到提醒的标题已成功修改为"工作"，并且时间设置为早上 9 点。此外，你还可以看到提醒的其他详细信息，例如类别、优先级等也已更新为相应设置。这些界面功能确保了用户能够直观且高效地管理和编辑提醒事项，帮助更好地规划日常事务和工作安排。

9.4.4　第四步：完善细节阶段

核心目标：优化界面美观度和交互流畅性。

图 9-7 编辑提醒示例

1）具体步骤如下。

❑ 评估与反馈：审视当前界面和交互流程。

❑ 识别需要改进的地方并提出优化指令。

❑ 在 Write 模式下描述具体优化需求。

2）示例优化要求如下。

❑ 添加柔和的色彩搭配。

❑ 增加按钮悬停效果。

❑ 优化交互反馈。

AI 提示词示例：

> 请你帮我优化一下界面设计，要求界面美观精美，增加按钮悬停效果和一些交互设计。

3）AI 更新代码。

❑ Windsurf 根据要求修改界面代码。

4）验证改进。

❑ 运行优化后的程序。

❏ 确认界面改进效果（如图 9-8 所示）。

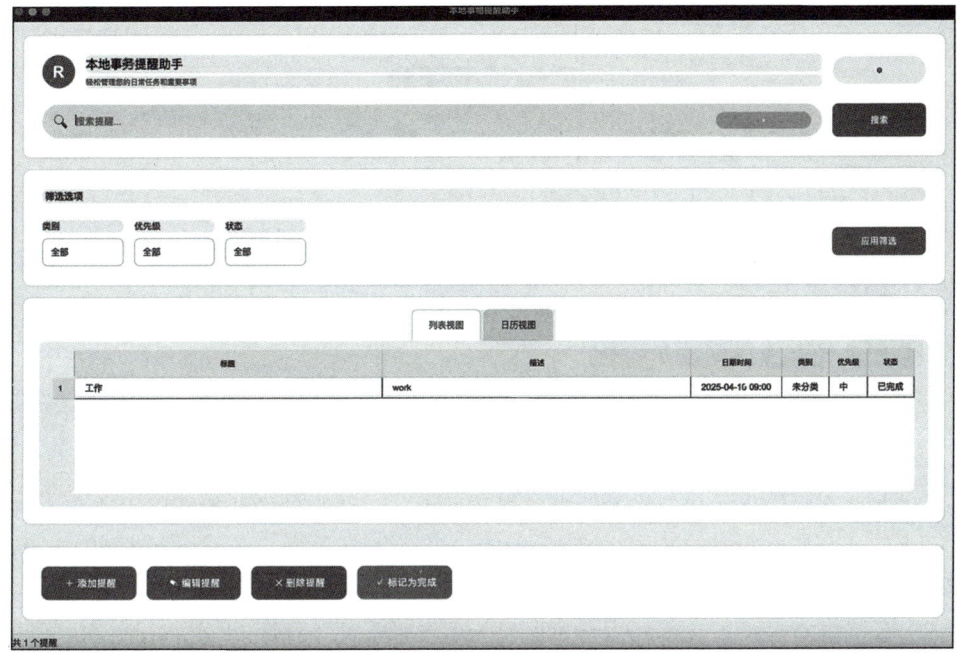

图 9-8　优化之后的本地事务提醒助手界面

可以看到优化之后的本地事务提醒助手的界面更加美观、现代化。

5）持续迭代。

❏ 根据需要进行多轮优化。

❏ 直到达到理想的使用体验。

通过以上步骤，我们可以借助 Windsurf 的 AI 能力，高效地完成从需求到实现的全过程。整个过程强调交互式开发，通过持续的反馈和优化，最终打造出一个功能完善、界面优美的本地事务提醒助手。

让我们对界面整体进行迭代优化之后查看效果，如图 9-9 所示。

通过与 Windsurf 的交互，我们成功地对本地事务提醒助手的界面进行了全面优化，从一个基础的功能性界面提升为一个现代化、美观且用户友好的应用程序。以下是界面优化的主要方面和成果：从最初的简单功能性界面，我们转向了一个以用户体验为中心的设计理念，注重视觉美感、交互流畅性和信息层次结构。

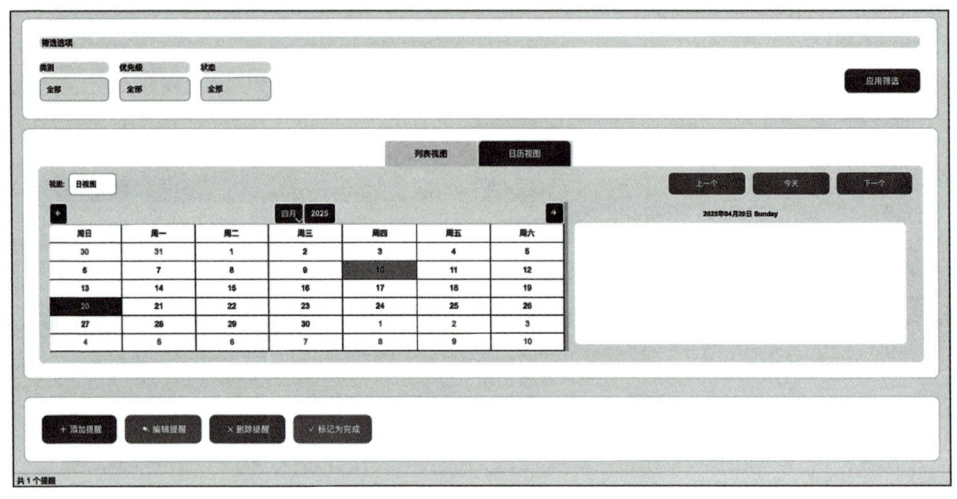

图 9-9　界面迭代优化之后的效果

通过这些优化，我们将本地事务提醒助手从一个基础的功能性应用转变为一个视觉吸引力强、用户友好的现代应用程序。新的界面不仅保留了原有的所有功能，还通过更好的视觉设计提高了用户体验，使应用程序更加专业和易用。

这次界面优化展示了如何通过精心的设计和细节关注，显著提升应用程序的用户体验，而不需要改变其核心功能。

9.5　常见问题与解决思路

1. 使用体验问题

问题 1：操作不便，找不到所需功能。

向 DeepSeek 提问：系统在处理大量数据时变得很慢，如何优化？

解决思路：优化操作流程，减少完成任务所需的单击次数或步骤。重新设计导航菜单，将常用功能置于明显位置。添加功能搜索，帮助用户快速找到需要的功能。提供详细的操作指南和教程。

问题 2：界面复杂，信息过多导致视觉疲劳。

向 DeepSeek 提问：应用长时间运行后内存占用很高。应该采取什么措施？

解决思路：采用简洁的界面设计，使用卡片式布局清晰分隔不同功能区域。提供自定义主题和布局选项，允许用户隐藏不常用功能。增加空白区域，改善视觉体验。实现可折叠的信息区块，让用户按需展开详情。

问题 3：响应速度慢，操作有延迟。

向 DeepSeek 提问：创建周期性任务的步骤太多，要如何进行简化？

解决思路：优化数据库查询性能，减少不必要的数据加载。实现数据缓存机制，加快常用数据的访问速度。优化应用启动过程，减少加载时间。使用异步处理方式，避免界面卡顿。定期清理临时文件和缓存，保持系统运行流畅。

问题 4：通知不可靠，有时错过重要提醒。

向 DeepSeek 提问：用户经常找不到需要的功能，要如何进行改进？

解决思路：改进通知系统，确保通知能够准时触发。提供多渠道通知选项（桌面通知、声音提醒等）。实现通知确认机制，追踪用户是否已查看通知。对重要提醒设置重复通知机制，直到用户确认。添加通知日志，记录所有通知的发送和接收状态。

2. 功能相关问题

问题 1：无法设置复杂的重复规则。

向 DeepSeek 提问：备份数据不完整或恢复失败，如何确保备份数据的可靠性？

解决思路：增强重复规则设置功能，支持自定义间隔（如每 3 天、每 2 周）。添加例外日期设置，允许跳过特定日期的重复。支持设置重复结束条件（如重复次数或结束日期）。提供重复规则预览，帮助用户理解设置效果。

问题 2：数据备份与恢复操作复杂。

向 DeepSeek 提问：担心敏感数据泄露，如何加强数据安全保护？

解决思路：简化备份流程，提供一键备份选项。实现自动定期备份功能，减少用户手动操作。优化恢复界面，清晰显示可用备份及其内容和时间。支持选择性恢复（如仅恢复特定类别的提醒）。提供备份验证机制，确保备份数据的完整性。

问题 3：搜索功能不够精准。

向 DeepSeek 提问：如何解决搜索功能不够精确的问题？

解决思路：改进搜索算法，支持模糊匹配和关键词搜索。增加高级搜索选项，允许按多个条件组合搜索。实现搜索建议功能，根据用户输入提供可能的搜索项。优化搜索结果排序，将最相关的结果置顶。支持保存常用搜索条件，方便重复使用。

问题 4：缺少数据分析和统计功能。

向 DeepSeek 提问：如何解决数据分析和统计功能缺失的问题？

解决思路：开发统计分析模块，展示任务完成率、按类别分布等数据。提供可视化图表，直观展示时间管理效率。添加趋势分析功能，帮助用户识别时间管理模式。支持自定义报表，满足不同用户的分析需求。实现数据导出功能，便于在其他工具中进行深入分析。

3. 技术与兼容性问题

问题 1：在某些操作系统版本上运行不稳定。

向 DeepSeek 提问：如何解决操作系统运行不稳定的问题？

解决思路：进行全面的兼容性测试，识别不同操作系统版本的问题。优化代码，确保跨平台兼容性。提供针对特定系统版本的优化补丁。建立自动化测试流程，及时发现和解决兼容性问题。明确标注支持的系统版本要求。

问题 2：数据同步问题，多设备使用时数据不一致。

向 DeepSeek 提问：如何解决多设备数据同步不一致的问题？

解决思路：实现可靠的数据同步机制，确保多设备间数据一致性。使用时间戳和版本控制，解决数据冲突。提供同步状态指示器，让用户了解同步进度和结果。支持手动触发同步，应对自动同步失败的情况。实现离线操作支持，稍后自动同步。

问题 3：内存占用过高，影响系统性能。

向 DeepSeek 提问：如何解决内存占用过高的问题？

解决思路：优化内存使用，减少不必要的资源占用。实现资源自动释放机制，释放长时间未使用的资源。优化数据加载策略，采用分页加载减少一次性内存占用。提供低内存模式选项，适应配置较低的设备。定期进行内存泄漏检测和修复。

问题 4：导入外部数据格式支持有限。

向 DeepSeek 提问：如何解决导入外部数据格式的问题？

解决思路：扩展导入功能，支持更多常用格式（如 iCalendar、CSV、JSON 等）。提供导入向导，引导用户完成数据映射和转换。增加数据验证步骤，确保导入数据的有效性。支持部分导入选项，允许用户选择需要导入的数据项。提供导入预览功能，让用户在确认前查看导入效果。

4. 隐私与安全问题

问题 1：担心个人数据安全。

向 DeepSeek 提问：如何确保用户数据的安全性和隐私保护？

解决思路：实现本地数据加密存储，保护敏感信息。提供密码保护选项，防止未授权访问。明确隐私政策，说明数据使用和保护措施。不收集不必要的用户信息，尊重用户隐私。提供数据删除工具，允许用户完全清除个人数据。

问题 2：备份数据可能被他人访问。

向 DeepSeek 提问：如何保护备份数据的安全性？

解决思路：对备份文件进行加密处理，确保即使文件被获取也无法读取内容。提供自定义加密密钥选项，增强安全性。支持安全的备份位置选择，如加密云存储。实现备份访问日志，记录备份文件的访问情况。提供备份文件完整性验证，防止备份被篡改。

问题 3：应用权限要求过多。

向 DeepSeek 提问：如何解决应用权限要求过多的问题？

解决思路：最小化所需权限，只请求必要的系统权限。明确解释每项权限的用途，增加用户信任。提供功能降级选项，在用户拒绝某些权限时仍能使用核心功能。实现权限使用透明度，让用户知道何时使用了哪些权限。支持随时撤销权限，尊重用户选择。

5. 用户特定需求问题

问题 1：需要适应不同的工作流程。

向 DeepSeek 提问：如何适应全部的工作流程？

解决思路：提供工作流自定义选项，适应不同用户的使用习惯。支持模板创建和共享，满足特定工作场景需求。实现可配置的提醒流程，允许用户定义提醒的生命周期。提供 API 或插件系统，支持与其他工具集成。收集用户反馈，持续优化以适应多样化需求。

问题 2：特殊行业有额外功能需求。

向 DeepSeek 提问：如何满足特殊行业的额外功能需求？

解决思路：开发行业特定模块，如会议管理、项目追踪、客户跟进等。提供自定义字段功能，满足特定信息记录需求。支持数据导出为行业标准格式。考虑开发专业版本，针对特定行业提供深度功能。与行业专家合作，确保功能设计符合实际工作需求。

问题 3：需要团队协作功能。

向 DeepSeek 提问：如何解决团队协作功能？

解决思路：开发团队版本，支持提醒共享和任务分配。实现权限管理系统，控制不同成员的访问和编辑权限。添加评论和讨论功能，促进团队沟通。提供团队活动日志，记录所有成员的操作。支持团队统计和报表，帮助管理者了解团队效率。

6. 学习与适应问题

问题 1：新用户上手困难。

向 DeepSeek 提问：如何解决新手对系统上手适应困难的问题？

解决思路：设计交互式新手引导，帮助用户了解核心功能。提供视频教程和详细文档，支持不同学习方式。实现智能提示系统，在用户操作过程中提供上下文帮助。设置默认配置和模板，减少初始设置负担。提供示例数据，帮助用户理解系统工作方式。

问题 2：高级功能发现困难。

向 DeepSeek 提问：如何解决用户发现及使用高级功能的问题？

解决思路：实现功能发现机制，根据用户使用情况推荐相关高级功能。提供功能导览，系统地介绍所有可用功能。在适当时机展示功能提示，如用户完成相关基础操作后。创建高级用户指南，详细说明复杂功能的使用方法。设立用户社区，鼓励经验分享和功能探索。

问题 3：习惯旧系统，适应新界面困难。

向 DeepSeek 提问：如何解决用户对新界面功能适应的问题？

解决思路：提供界面切换选项，支持经典视图和现代视图。实现自定义界面布局，允许用户调整到熟悉的排列方式。提供快捷键自定义，保留用户习惯的操作方式。设计平滑过渡期，逐步引入新功能和界面变化。收集用户反馈，持续优化界面易用性。

通过系统地解决这些常见问题，本地事务提醒助手可以不断提升用户体验，满足多样化的需求。关键是保持对用户反馈的开放态度，持续优化产品功能和性能，同时确保数据安全和隐私保护。随着技术的发展和用户需求的变化，提醒助手也需要不断创新，引入新功能和改进现有功能，保持产品的竞争力和实用性。

9.6 结语

本章深入探讨了本地事务提醒助手的开发与实现,这是一款强大而实用的桌面应用程序,旨在帮助用户高效管理日常任务和重要事项。通过本章的学习,我们掌握了以下几个关键概念:

- ❑ 应用程序架构设计:我们了解了如何设计一个结构清晰的应用程序架构。
- ❑ 用户界面开发:我们学习了如何使用 PyQt6 创建现代化、用户友好的界面。
  - 设计直观的主窗口布局和导航结构。
  - 实现表单控件和数据输入验证。
  - 创建响应式设计,适应不同屏幕尺寸。
  - 添加视觉反馈和动画效果,提升用户体验。
- ❑ 核心功能实现:我们详细探讨了提醒助手的核心功能模块,包括提醒创建与管理、通知系统、重复规则设置、分类与标签系统、搜索与筛选功能等。

每个功能模块都经过精心设计,确保既满足用户需求,又保持代码的可维护性。

本地事务提醒助手是一个综合性项目,涵盖了桌面应用开发的多个方面,通过开发这个项目,我们积累了宝贵的实战经验,为今后开发更复杂的应用程序奠定了坚实基础。

在下一章中,我们将学习如何打造一个个人网站,包括网站架构设计、前端界面开发、后端功能实现以及网站部署与维护。这将是我们从桌面应用开发到 Web 开发的重要转变,帮助我们拓展技术视野,掌握全栈开发能力。

第 10 章 CHAPTER

打造你的第一个网站

在完成了本地事务提醒助手的开发后,我们将目光转向 Web 开发领域。本章将带领你开发你的第一个网站,这是一个激动人心的转折点,标志着你从桌面应用开发迈向网络应用开发。

我们将把前几章积累的 Python 编程经验和项目开发技能应用到网站开发中。从本地应用到 Web 应用,这样的转变不仅能拓展你的技术视野,还能让你掌握更多现代化的开发方法。

在网站开发过程中,你将学习:

❏ 如何规划和设计一个网站项目。
❏ 如何选择合适的技术框架。
❏ 如何实现基本的网站功能。
❏ 如何使用 AI 工具加速开发过程。

本章的项目将建立在前面章节的基础上,但会引入许多新的概念和技术。Web 开发与桌面应用开发有着显著的区别,你将了解到网络通信、前后端分离、响应式设计等重要概念。这些知识将极大地丰富你的开发技能库。

让我们开始这个令人兴奋的网站开发之旅吧。记住,在遇到困难时,DeepSeek 始终是你的得力助手,它能为你提供及时的指导和解决方案。

10.1 本章学习目标

在本章中，我们将踏上网站开发的旅程，学习如何借助 AI 从零开始开发一个网站。学习目标包括：

（1）学习网站基础结构搭建
- 掌握 HTML 语义化标签的使用。
- 理解网站文件组织结构。
- 学习页面间的链接和导航设计。

（2）掌握响应式设计技术
- 使用 CSS（串联样式表）媒体查询实现多设备适配。
- 学习弹性布局和网格布局技术。
- 确保网站在不同屏幕尺寸下的良好显示效果。

（3）实现交互效果与动画
- 使用 CSS 过渡和动画增强用户体验。
- 实现滚动触发动画效果。
- 添加悬停效果和其他交互元素。

（4）学习组件化开发思想
- 将网站拆分为可复用的组件。
- 学习模块化 CSS 编写方法。
- 理解代码复用和维护的最佳实践。

（5）掌握图像处理与优化
- 学习图像格式选择和优化。
- 实现图像响应式加载。
- 使用 CSS 创建图形和图标。

（6）理解网站性能优化基础
- 学习资源加载优化技术。
- 掌握 CSS 和 JavaScript 的性能考量。
- 了解基本的 SEO（搜索引擎优化）方法。

通过本章的学习，读者不仅能掌握网站开发的技术细节，更能理解网站开发的整体流程和思维方式，为今后的进阶学习打下坚实基础。

10.2 了解网站开发基础

1. 什么是网站开发

网站开发是指创建和维护网站的过程，涉及多个方面的工作，包括网页设计、内容创作、客户端/服务器端编程以及网络安全配置等。从技术角度看，网站开发可分为前端开发和后端开发两大部分。

前端开发主要关注用户可以直接看到和交互的部分，使用 HTML、CSS 和 JavaScript 等技术：

- HTML 提供网页的基本结构和内容。
- CSS 负责网页的视觉表现和布局。
- JavaScript 为网页添加交互功能和动态效果。

后端开发则处理服务器端的逻辑和数据存储：

- 服务器端编程语言（如 PHP、Python、Ruby、Java 等）。
- 数据库管理（如 MySQL、MongoDB 等）。
- 服务器配置和维护。

对于初学者而言，掌握前端开发技术是进入网站开发领域的理想起点，因为它不需要复杂的服务器设置，就能创建出功能完善的静态网站。随着技术的发展，现代前端开发已经能够实现许多曾经需要后端支持的功能。

2. 网站开发的优势

自主开发网站相比使用现成的网站建设工具或平台，具有以下显著优势：

（1）灵活性和定制化

- 完全控制网站的每个方面（从设计到功能）。
- 能够根据特定需求定制独特的用户体验。
- 不受第三方平台限制，可以实现任何创意构想。

（2）性能优化

- 可以精确控制代码质量和加载速度。
- 减少不必要的功能和代码，提高网站性能。
- 针对特定用户群体和使用场景进行优化。

（3）成本效益

- 避免长期订阅费用和平台限制。
- 一次性学习，长期受益。

☐ 随着技能提升，可以承接更复杂的项目。

（4）学习价值

☐ 掌握实用的技术技能，增强就业竞争力。

☐ 理解网络技术的工作原理。

☐ 培养解决问题的能力和逻辑思维。

（5）品牌一致性

☐ 确保网站与品牌形象完全一致。

☐ 避免使用模板导致的"千篇一律"问题。

☐ 建立独特的在线形象。

3. 网站开发的使用场景

网站开发适用于多种场景，根据不同需求可以创建各种类型的网站：

（1）个人展示

☐ 个人作品集网站，展示设计、摄影、艺术作品等。

☐ 个人博客，分享专业知识和经验。

☐ 个人简历网站，提升求职竞争力。

（2）企业展示

☐ 公司官方网站，展示企业形象和服务。

☐ 产品展示网站，详细介绍产品特点和优势。

☐ 企业内部知识库或工具网站。

（3）电子商务

☐ 在线商店，销售产品或服务。

☐ 会员订阅网站，提供付费内容或服务。

☐ 预订系统，如餐厅、酒店或活动预订。

（4）教育与信息

☐ 在线课程平台。

☐ 知识分享社区。

☐ 专业领域的资源库。

（5）社交与社区

☐ 兴趣社区网站。

☐ 行业交流平台。

☐ 用户生成内容的分享平台。

（6）营销与推广
- 活动宣传网站。
- 产品发布专题页。
- 营销落地页。

随着移动设备的普及和互联网技术的发展，响应式网站设计变得尤为重要，它能确保网站在不同设备上都提供良好的用户体验。同时，随着用户对网站性能和体验要求的提高，掌握现代网站开发技术也变得越来越重要。

学习网站开发不仅可以创建满足特定需求的网站，还能够培养全面的技术思维和问题解决能力，这些技能在数字化时代具有广泛的应用价值。

10.3　网站开发的核心功能

现代网站无论规模大小，通常都需要实现一系列核心功能，以确保良好的用户体验和网站效果。以下是网站开发中最常见的核心功能。

1. 响应式设计

- 跨设备兼容性：确保网站在不同尺寸的设备（个人计算机、平板计算机、手机）上都能正常显示。
- 弹性布局：使用相对单位和弹性布局技术，使内容能够自适应不同屏幕。
- 媒体查询：根据屏幕尺寸应用不同的样式规则。
- 图像优化：根据设备特性加载不同分辨率的图像。

2. 导航系统

- 直观的菜单结构：清晰的层次结构，帮助用户快速找到所需信息。
- 面包屑导航：显示用户在网站中的位置，便于返回上级页面。
- 搜索功能：允许用户直接查找特定内容。
- 移动端适应性：在小屏幕设备上转换为更适合触控的导航形式（如汉堡菜单）。

3. 内容展示

- 清晰的信息层次：使用标题、段落、列表等元素组织内容。
- 多媒体支持：整合图片、视频、音频等多媒体元素。
- 内容分页：将大量内容分割为易于消费的小块。
- 动态内容加载：使用懒加载等技术优化长页面的性能。

4. 用户交互元素

- 表单设计：创建用户友好的输入界面。
- 实时反馈：对用户操作提供即时视觉或文字反馈。
- 动画效果：使用适度的动画增强用户体验和引导注意力。
- 交互组件：下拉菜单、轮播图、标签页等增强内容组织和展示。

5. 性能优化

- 资源压缩：减小 CSS、JavaScript 和图像文件的大小。
- 代码分割：只加载当前页面所需的代码。
- 缓存策略：合理使用浏览器缓存减少重复加载。
- 延迟加载：非关键资源推迟加载，优先显示核心内容。

6. 安全措施

- 表单验证：客户端和服务器端双重验证用户输入。
- HTTPS（超文本传输安全协议）实现：加密数据传输保护用户隐私。
- 跨站脚本防护：防止 XSS（跨站脚本）等常见网络攻击。
- 安全更新：定期更新依赖库和框架，修复已知漏洞。

7. 分析与跟踪

- 访问统计：记录网站访问量和用户行为。
- 转化跟踪：监控重要操作的完成情况。
- 热图分析：了解用户访问和关注的焦点。
- 性能监控：跟踪页面加载速度和资源使用情况。

8. 社交媒体集成

- 分享功能：允许用户将内容分享到社交平台。
- 社交登录：使用社交媒体账号快速登录。
- 社交媒体反馈：展示相关社交媒体内容。
- 社交互动：评论、点赞等社交互动功能。

掌握这些核心功能的开发技术，能够帮助开发者创建既美观又实用的网站。随着经验的积累，开发者可以逐步深入学习各个功能领域的高级技术，不断提升网站的用户体验和技术实现水平。在实际项目中，可以根据具体需求和目标用户群体，有选择地实现和优化这些功能。

10.4 具体实现步骤：开发你的第一个网站

以下步骤将引导你如何与 AI 工具（Windsurf）交互，从简单的网页需求出发，逐步搭建起自己的网站并对网站界面进行优化。

让我们跟随这个实例，体验使用 Windsurf 开发一个简单展示型网站的全过程。

10.4.1 第一步：启动与准备

启动 Windsurf。加载或创建一个名为"第一个网站"的项目文件夹（请提前创建）。确认 Windsurf 的 AI 对话框处于 Write 模式，以便 AI 可以直接生成和修改项目文件。

10.4.2 第二步：开始网站开发

1. 设计并生成主页

核心目标：创建网站的入口页面，包含关键的视觉和信息元素。

操作流程：

1）下达指令：由于展示型网站初期主要侧重于结构和内容呈现，逻辑相对简单，我们可以直接向 AI 描述主页的核心构成。在对话框中输入以下内容：

```
我想开发一个展示型网站：
    首先，请帮我设计并生成一个专业的首页（index.html）。这个首页需要包含：一个引人注目的全屏展示区，一个介绍品牌故事或核心价值的区域。请生成相应的 HTML 和 CSS 代码。
```

2）AI 处理与文件创建：

- Windsurf 会开始分析你的需求并生成代码。
- AI 可能会提示需要创建新的文件或目录（例如 index.html, style.css 等）。它通常会直接提供创建命令，请仔细阅读并单击 Accept（或类似确认按钮）授权执行。

3）初步预览：

- 当 AI 完成第一步的代码生成后，它会告知你相关文件已创建或更新。
- AI 会在你的项目文件夹中找到生成的 index.html 文件。
- 双击该文件，在你的网页浏览器中打开它，或者直接在 Windsurf 查看初步的页面效果（见图 10-1）。

图 10-1　在 Windsurf 查看初步页面效果

2. 添加"关于我们"页面

核心目标：创建一个新的页面来详细介绍背景信息。

操作流程：

1）下达指令：

❏ 告诉 AI 你需要一个新的页面。

❏ 在对话框中输入：

> 现在我需要添加一个"关于我们"页面（about.html）。请帮我设计一个专业的介绍页面布局关于 Sigmate 公司，需要包含团队理念、发展历程等内容区域。请生成相应的 HTML 和 CSS 代码（可以复用之前的样式或创建新的）。同时，请确保在首页和"关于我们"页面之间有链接可以互相跳转。

2）AI 生成与预览：

❏ Windsurf 会生成 about.html 文件及可能的样式更新。

❏ 同样，你可以直接在 Windsurf 中打开查看效果。

你会发现，使用类似的方式，你可以轻松地让 AI 帮助你添加网站所需的各种页面（如产品页、联系页等）。

3. 完善细节与优化体验

核心目标：在基本页面结构完成后，对视觉效果、交互体验和性能进行打磨。

操作流程：

1）提出优化指令：根据你的需求，向 AI 提出具体的优化点。

在对话框中输入：

> 请帮我对整个网站进行一些优化，主要包括：优化图片加载效果（例如，实现懒加载或提供图片优化建议）；添加页面过渡动画（例如，页面切换时有淡入淡出效果）；改进响应式布局，确保在手机等小屏幕设备上也能良好显示。

2）AI 更新与说明：

- Windsurf 会修改现有的 HTML，CSS 或添加 JavaScript 代码来实现这些优化。
- AI 通常还会解释它做了哪些优化以及背后的思路。仔细阅读这些说明有助于你学习。

3）最终预览：再次在浏览器中打开你的网站页面（特别是首页和关于我们页面）。你应该能观察到优化后的效果，例如图片加载更快，页面切换更平滑，在调整浏览器窗口大小时布局能自适应等。

通过这三个步骤的迭代，你就成功地使用 AI 助手构建并优化了你的第一个简单展示型网站。具体效果图如图 10-2、图 10-3、图 10-4 所示。

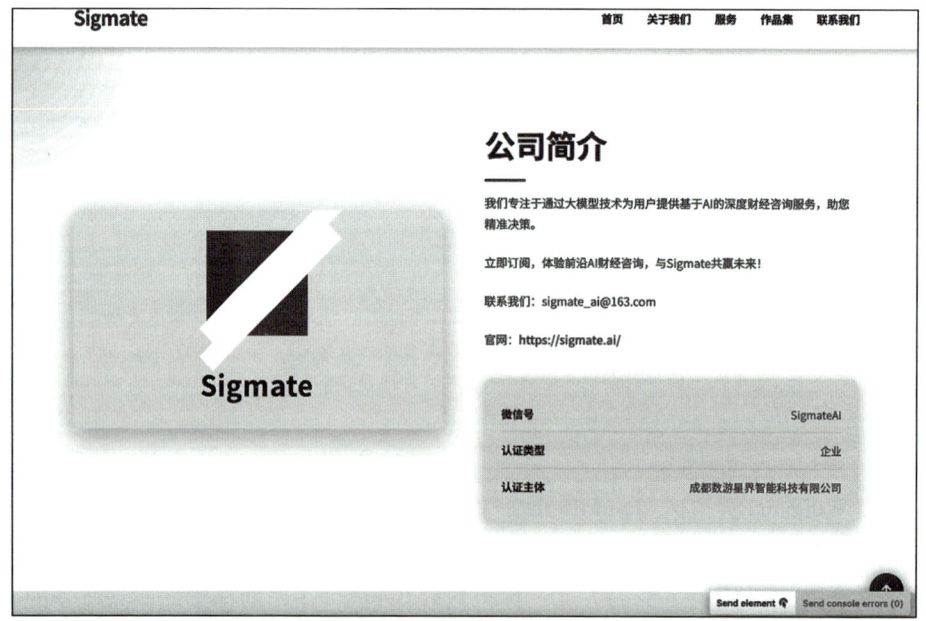

图 10-2　生成的网站效果

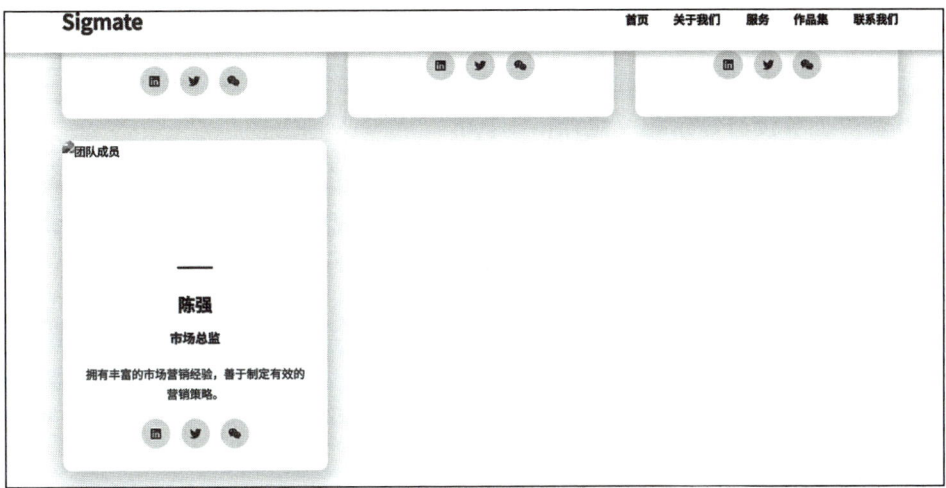

图 10-3　网站团队成员界面

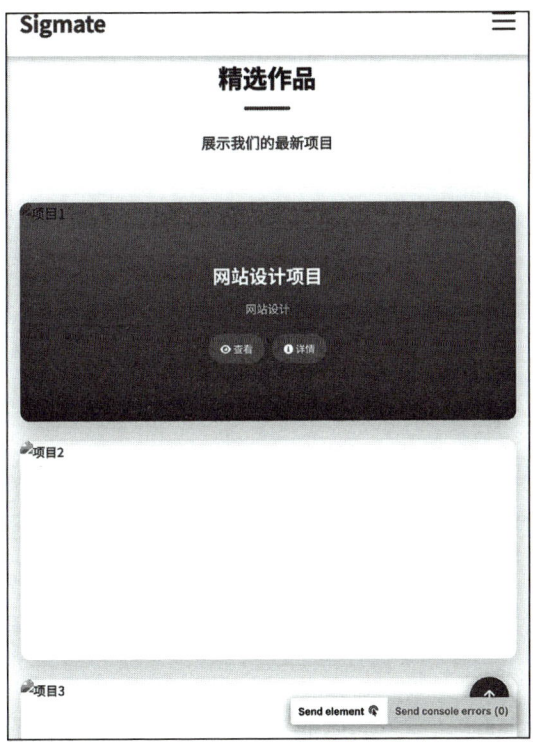

图 10-4　网站精选作品界面

10.4.3 第三步：网页优化

可以看到网站团队成员界面和网站精选作品界面并没有显示相关照片，让我们对这两个界面逐步进行优化。

首先将团队成员照片放置在项目新建的 img 目录下，如图 10-5 所示。

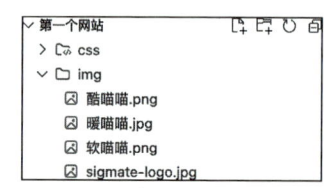

图 10-5　img 目录下的团队成员照片

然后通过给 AI 下达指令（如图 10-6 所示），对添加网站的团队成员照片并界面进行优化。在对话框中输入：

> 为核心团队成员添加相关图片（照片在该项目的 img 目录下，分别为暖喵喵、软喵喵和酷喵喵），并将成员名字更改为照片的名字，之后对网站团队成员界面进行优化。

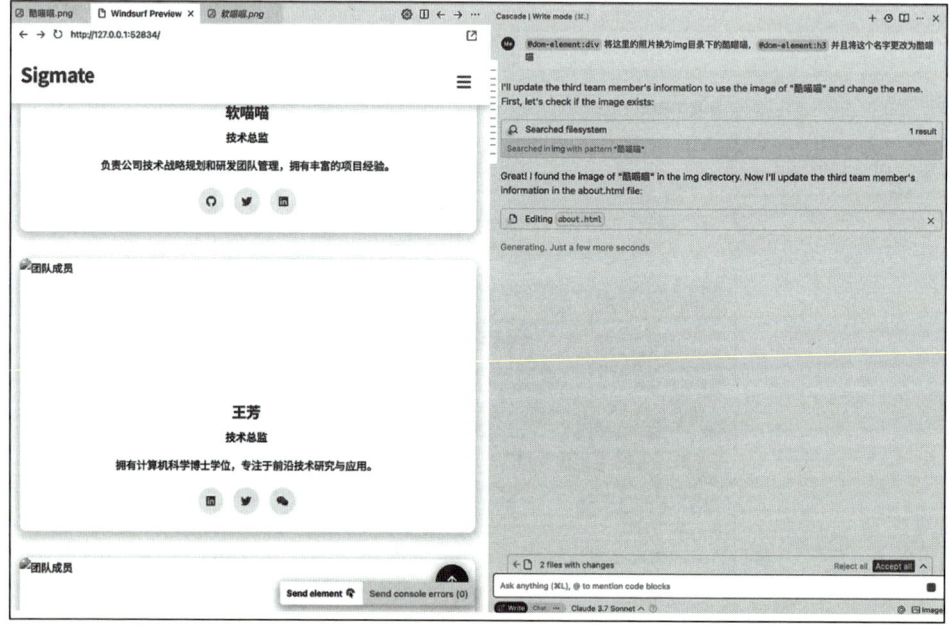

图 10-6　AI 优化过程图

让我们等待 Windsurf 进行编码，之后单击运行。让我们查看经过 AI 优化之后得到的效果，如图 10-7 所示。

可以看到 Windsurf 已经为团队成员界面添加了相关的 img 目录下的相关成员图，并对团队成员界面进行了优化。下面让我们根据对团队成员界面的优化思路，对网站精选作品界面进行同样的细节优化，优化后的效果如图 10-8 所示。

图 10-7　优化之后的网页效果

图 10-8　网站精选作品界面优化后的效果

可以看到现在的网站界面已经基本达到要求了，现在让我们尝试来部署这个网站，只需要在聊天框中输入"部署这个网站"（如图 10-9 所示），之后 Windsurf 便会自动进行部署。

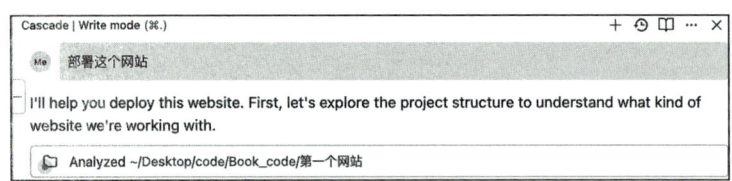

图 10-9　部署网站过程

等待 Windsurf 帮我们的网站配备域名，并进行部署（如图 10-10 所示）。

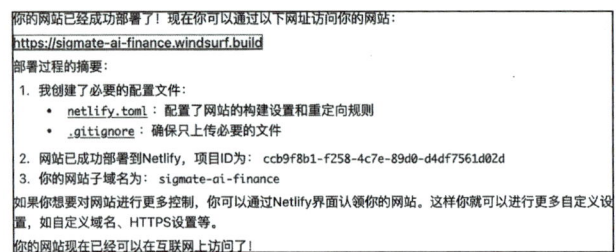

图 10-10　部署网站结果

可以看见 Windsurf 已经帮我们部署成功了，现在我们只需要输入 Windsurf 给我们提供的网址，就可以直接在浏览器上直接访问我们开发的第一个网站。

10.5　常见问题与解决思路

在开发第一个网站的过程中，初学者通常会遇到各种各样的问题。以下是本项目中最常见的问题及其解决思路，帮助读者在实践中更顺利地完成项目。

1. 页面布局问题

向 DeepSeek 提问： 元素无法按预期位置排列，特别是在响应式布局中。

解决思路：

1）掌握 CSS 盒模型概念，理解 margin、padding 和 border 的影响。

2）学习 Flexbox 和 Grid 布局系统，它们提供了强大的对齐和分布控制。

3）使用开发者工具检查元素的实际尺寸和位置。

4）采用移动优先的设计思路，从小屏幕开始，逐步扩展到大屏幕。

解决方案实例：

在本项目中，团队成员展示区域使用了 Grid 布局，确保在不同屏幕尺寸下能够自动调整列数。

```css
.team-container {
```

```
    display: grid;
    grid-template-columns: repeat(auto-fill, minmax(300px, 1fr));
    gap: 2rem;
}
```

2. 图片显示与优化问题

向 DeepSeek 提问：图片尺寸不合适，加载速度慢，或在不同设备上显示效果不佳。

解决思路：

1）使用适当的图片格式（jpeg 用于照片，png 用于需要透明背景的图像，webp 用于现代浏览器）。

2）实现响应式图片，为不同屏幕提供不同分辨率的图像。

3）压缩图片以减少文件大小。

4）使用懒加载技术延迟加载屏幕外的图片。

解决方案实例：

在本项目中，使用 picture 元素和 srcset 属性为不同设备提供不同尺寸的图片。

```html
<picture>
    <source srcset="img/hero-small.jpg" media="(max-width: 600px)">
    <source srcset="img/hero-medium.jpg" media="(max-width: 1200px)">
    <img src="img/hero-large.jpg" alt="网站横幅">
</picture>
```

3. 导航菜单适配问题

向 DeepSeek 提问：导航菜单在桌面端显示正常，但在移动设备上不易使用。

解决思路：

1）在小屏幕上将水平菜单转换为汉堡菜单。

2）确保触摸目标足够大，便于手指点击。

3）添加适当的动画效果，提供视觉反馈。

4）测试不同设备上的交互体验。

解决方案实例：

本项目使用媒体查询和 JavaScript 实现了响应式导航菜单。

```javascript
document.querySelector('.menu-toggle').addEventListener('click', function() {
    document.querySelector('.nav-menu').classList.toggle('active');
```

```
});
```

4. CSS 样式冲突问题

向 DeepSeek 提问：CSS 规则相互覆盖，导致样式不按预期应用。

解决思路：

1）理解 CSS 选择器优先级规则。

2）采用 BEM（块、元素、修饰符）等命名约定，避免选择器冲突。

3）使用更具体的选择器解决特定问题。

4）考虑使用 CSS 模块或作用域限制样式影响范围。

解决方案实例：

在本项目中，使用了明确的命名约定和层次结构：

```css
.about-page .team-section .team-member .member-image {
    /* 特定于关于页面的团队成员图片样式 */
}
```

5. 跨浏览器兼容性问题

向 DeepSeek 提问：网站在不同浏览器中显示效果不一致。

解决思路：

1）使用 CSS 前缀自动添加工具。

2）参考 Can I Use 网站了解特性支持情况。

3）实施渐进增强策略，确保基本功能在所有浏览器中可用。

4）使用现代 CSS 重置样式表统一基础样式。

解决方案实例：

在项目中使用了 normalize.css 统一不同浏览器的默认样式。

```html
<link rel="stylesheet" href="css/normalize.css">
```

6. 表单验证与提交问题

向 DeepSeek 提问：用户提交的表单数据未经验证或提交过程不顺畅。

解决思路：

1）使用 HTML5 表单验证属性等。

2）添加 JavaScript 客户端验证增强用户体验。

3）提供清晰的错误提示和视觉反馈。

4）实现平滑的表单提交体验。

解决方案实例：

本项目的联系表单使用了 HTML5 验证结合 JavaScript 增强。

```html
<input type="email" name="email" required pattern="[a-z0-9._%+-]+@
    [a-z0-9.-]+\.[a-z]{2,}$">
<span class="error-message">请输入有效的电子邮件地址</span>
```

7. 性能优化问题

向 DeepSeek 提问：网站加载速度慢，影响用户体验。

解决思路：

1）压缩和合并 CSS、JavaScript 文件。

2）优化图片大小和格式。

3）实现资源的延迟加载。

4）减少 HTTP 请求数量。

解决方案实例：

在项目中使用了延迟加载技术提高性能。

```javascript
document.addEventListener("DOMContentLoaded", function() {
    const lazyImages = document.querySelectorAll('.lazy-load');

    const imageObserver = new IntersectionObserver((entries, observer) => {
        entries.forEach(entry => {
            if (entry.isIntersecting) {
                const img = entry.target;
                img.src = img.dataset.src;
                img.classList.remove('lazy-load');
                observer.unobserve(img);
            }
        });
    });

    lazyImages.forEach(img => imageObserver.observe(img));
});
```

有了这些常见问题和解决思路，我们能够更加清晰深刻地理解网络结构、如何选择合适的网页框架，以及如何使用 AI 去开发这样的一个网页。

10.6 结语

在本章中，我们通过 Windsurf 编辑器和 DeepSeek 的协助，成功构建了第一个网站。这个项目不仅让你掌握了网站开发的基础知识，还帮助你理解了现代 Web 应用的开发流程。主要收获如下。

1）项目规划与需求分析：
- 学会了如何定义网站的目标受众和功能边界。
- 掌握了需求分析和用户故事编写的方法。
- 理解了如何将大型项目分解为可管理的小任务。

2）技术选型与架构设计：
- 了解了前端框架的选择考虑因素。
- 掌握了后端框架和数据库的选型原则。
- 学会了如何设计可扩展的网站架构。

3）功能实现：
- 实践了页面结构的规划和实现。
- 掌握了用户交互流程的设计方法。
- 学会了如何处理数据流和业务逻辑。

4）开发与调试技巧：
- 掌握了使用 Windsurf 进行网站开发的效率技巧。
- 学会了常见问题的调试方法。
- 理解了如何使用 DeepSeek 辅助解决开发难题。

我们已经学习了独立开发简单网站的方法。这些方法将为我们未来开发更复杂的 Web 应用打下坚实基础。

记住，网站开发是一个持续学习和改进的过程。随着经验的积累，我们将能够开发出更加专业和功能丰富的网站。建议你在完成本章后，尝试为你的网站添加新功能，或者开始规划你的下一个网站项目。

第三部分　总结与展望

第三部分是对全书内容的总结，也是对 AI 编程未来趋势的展望。

通过对前面两部分的学习，包括如何用 DeepSeek 学习 Python 基础代码和如何在 Windsurf 中使用 DeepSeek 完成实战项目，你已经拥有了与 AI 协作解决问题的基础能力，完成了一次思维的跃迁，实现了从"0"到"1"的蜕变，这比纯粹的技术知识更加珍贵。

随着技术的不断发展，编程技能将继续为你的职业生涯和个人成长提供无限可能。本书不仅为你提供了编程的基础知识和实战经验，还为你指出了未来的学习方向。你可以通过构建个人的 AI 工具箱，持续扩展自己的技术栈，进一步增强自己的竞争力。在学习过程中，避免常见的学习陷阱也非常重要，只有保持实践与理论相结合，避免过度依赖工具和框架，才能确保技能的深度和广度。

第 11 章 CHAPTER

成为 AI 时代的创造者

至此,我们完成了本书前十章的学习之旅。这段旅程从 Python 编程基础开始,一直延伸到实际项目的开发实践,形成了一个完整的学习体系。

虽然本书的内容即将结束,但是你的 AI 编程生涯才刚刚开始。无论你是专业人士,还是 AI 爱好者,希望本书能够给你带来一些帮助和启发。

11.1 本书精华总结

在本书的学习与实践旅程中,我们从基础知识开始,逐步介绍了 AI 编程的核心能力,建立了 AI 编程思维框架。随着每一章的推进,我们不仅积累了技术技能,还逐渐形成了一种全新的思维方式,以更好地驾驭 AI 技术并运用到实际问题中。

11.1.1 从 0 到 1 的蜕变:思维的跃迁

通过学习本书,你已经完成了从一个对 AI 编程感到陌生的初学者,到能够独立创造有价值工具的实践者的关键蜕变。这种成长不仅是技能的提升,还是思维方式的深刻转变。

- 从使用者到创造者：你不再仅仅是 AI 应用或服务的消费者，而是成为能够驾驭 AI、主动创造新工具、设计新解决方案的价值创造者。
- 从被动接受到主动构建：面对工作或生活中的痛点，你不再只是使用现成的软件来解决，而是拥有了主动分析问题、设计并构建个性化解决方案的能力。
- 从未知恐惧到从容掌控：面对日新月异的技术浪潮，你不再感到茫然或焦虑，因为你已经掌握了理解、运用乃至引领这股力量的基本方法，拥有了在 AI 时代从容应对、积极作为的底气。

11.1.2 你已掌握的核心能力

通过前面系统性的学习和扎实的动手实践，你已经成功掌握了以下核心能力：

（1）AI 驱动的问题解决能力

- 能够将复杂问题有效分解为 AI 更易处理的、可管理的小步骤。
- 熟练利用 AI 编程助手来编写、补全和优化高质量的代码。
- 掌握了借助 AI 来调试代码、定位错误和优化解决方案的基本方法。

（2）自动化工作流程的能力

- 培养了敏锐识别日常工作中可自动化的重复性任务的能力。
- 具备了设计和实现自动化脚本或简单工具来替代手动操作的能力。
- 初步了解了如何将多个工具或步骤整合，构建更高效的统一工作流程。

（3）持续学习与适应的能力

- 学会了利用 AI 来快速理解和掌握新的技术概念或编程知识的方法。
- 提升了阅读和理解他人代码（包括 AI 生成的代码）的能力。
- 对快速变化的技术生态有了更强的适应性，知道如何借助工具来辅助学习。

（4）创造有价值产品的能力

- 能够完成从用户需求到产品实现的全流程思考。
- 具备了构建基础的、用户友好界面的能力（无论是命令行还是简单的图形用户界面）。
- 拥有了运用编程和 AI 技术解决实际业务或生活中的问题的初步经验。

这些能力就像你刚刚获得的"黑带"——它能证明你已经扎实地掌握了基础功法和套路，但这绝非"武道"的终点，而是通往更高境界、更广阔天地的新起点。

11.2 即刻行动指南：将知识转化为力量

理论学习和项目实践为你奠定了坚实的基础，但真正的成长在于将所学的技能付诸实践。现在，是时候将你掌握的知识转化为提升效率、解决问题，甚至创造实际价值的行动了。虽然项目实践本身就是应用的体现，但接下来的挑战是将这些技能深入应用于更广泛的实际场景，并通过持续的创新和优化，产生真正的影响。

打造你的个人 AI 工具箱

将所学付诸实践，从优化自身工作开始。

（1）审视你的工作流程

- 列出痛点：仔细思考并列出你在日常工作或学习中遇到的最耗时、最重复、最烦琐的 3～5 个任务。
- 评估自动化潜力：分析这些任务中哪些环节可以通过本书中提到的 AI 编程方法来实现自动化或半自动化？
- 构思初步方案：为每个适合自动化的任务构思一个简单的自动化解决方案或流程。

（2）从"摸鱼"小工具开始

- 选择切入点：从上述任务中挑选一个相对简单、但能明显节省时间（哪怕只是几分钟）的小工具作为起点。
- 动手实现：运用你在本书中学到的与 AI 协作的方法（需求描述、代码生成、测试、优化），动手将这个小工具实现出来。
- 持续改进：在实际使用中，不断发现问题并优化它，直到它真正成为提高效率的利器。记住，第一个版本不求完美，但求可用。

（3）寻找"副业"或价值拓展机会

- 观察身边：留意你的同事、朋友或所在社群中是否有人也遇到了类似的问题，而这些问题恰好可以通过你开发的工具或类似的编程方案来解决。

- 思考通用性：你开发的解决方案是否具有一定的通用性，能够满足更广泛的市场需求？
- 价值转化：探索用你的编程技能和开发出的工具帮助他人的方式，这可能会带来额外的价值回报（无论是声誉、经验还是实际收入）。

11.3 避免常见陷阱

在你的 AI 编程学习与创造之旅中，注意避开以下几个常见的"坑"，以便走得更稳、更远。

（1）完美主义陷阱
- 症状：总想等到构思"完美无缺"后才开始动手，或者对初版工具要求过高。
- 解药：先完成，再完美。快速实现核心功能，然后根据实际使用反馈，逐步迭代优化。

（2）孤军奋战陷阱
- 症状：遇到问题习惯独自钻研，不愿意查找已有解决方案或寻求帮助。
- 解药：充分利用社区资源（如 GitHub、Stack Overflow、开源库、技术论坛）。在开发一个新功能前，先搜索是否已有现成的库或代码片段可以借鉴或直接使用。不要重复造轮子。

（3）技术沉迷陷阱
- 症状：过分追求使用最新、最酷的技术，而忽略了工具的实际应用价值。
- 解药：始终以解决实际问题为导向。选择技术时应基于其能否高效、稳定地满足需求，而非仅仅因为它"新"或"潮"。

（4）忽视用户体验陷阱
- 症状：只追求功能的强大与复杂，而忽略了工具的易用性、直观性。
- 解药：记住，再强大的功能，如果用户难以理解或操作不便，其价值也会大打折扣。要考虑工具界面的简洁性和操作的流畅性。

（5）停滞不前陷阱
- 症状：掌握了一些基础技能后就满足现状，停止学习和探索。
- 解药：技术日新月异，尤其是在 AI 领域。保持好奇心和持续学习的习惯至关重要。定期关注新技术动态，尝试将新知识应用到你的项目中。

11.4　未来成长地图：绘制你的技能进阶蓝图

以下是一些你可以探索的未来成长路径，这些路径能帮助你不断精进，攀登新的高峰。

（1）技术深度

- 专攻 AI 领域：深入学习特定的 AI 应用方向，如 NLP（构建更智能的文本处理工具）、计算机视觉（开发图像识别应用）或数据科学/机器学习（进行更复杂的预测和分析）。
- 精通编程内功：掌握更高级的编程概念（如异步编程、并发）、设计模式（提高代码质量和可维护性）以及算法与数据结构。
- 拥抱云与分布式：学习如何在云平台（AWS、Azure、GCP）上部署和运行你的 AI 应用，了解分布式系统的基本原理。

（2）应用广度

- 跨界融合：将你的 AI 编程能力应用到不同的行业领域（金融、医疗、教育、艺术等），解决特定行业的痛点。
- 多平台探索：不局限于单一类型的应用，尝试开发网站、移动应用或更复杂的桌面软件。
- 技术交织：探索 AI 与其他新兴技术（如物联网、区块链、增强现实/虚拟现实等）的结合点，创造全新的应用场景。

（3）商业视角

- 产品化思维：学习如何将技术解决方案打磨成用户愿意使用的商业产品或服务。
- 市场洞察：了解用户需求分析、市场定位和竞品分析的基本方法。
- 基础运营：掌握简单的产品运营和推广知识，让你的创造物触达更多用户。

11.5　持续发现需求的方法

要成为一名成功的 AI 编程实践者，不仅需要技术能力，更需要敏锐地发现有价值的需求。技术是手段，解决问题才是目的。以下是一些帮助你持续发现需求的方法。

（1）倾听身边的"抱怨"

- 工作场所：同事经常抱怨的重复性工作、低效流程或数据处理难题往往是绝佳的自动化或工具开发机会。
- 社交圈子：朋友或家人在日常生活中遇到的困扰、不便可能隐藏着潜在的产品创意或服务需求。
- 自我反思：你自己在工作或生活中遇到的效率瓶颈、信息管理困难，可能也是许多人面临的共同问题。

（2）关注行业与技术趋势
- 信息源：订阅你感兴趣的领域或行业的新闻、博客、技术报告。
- 社区互动：积极参加相关的线上/线下论坛、社区讨论、技术会议，了解大家正在讨论什么、关注什么。
- 竞品分析：研究市场上成功的相关产品或服务，分析它们解决了用户的哪些核心需求，以及还有哪些未被满足的需求。

（3）实践"问题日记"
- 日常记录：养成习惯，每天随手记录你在工作、学习或生活中遇到的问题（哪怕只是很小的问题）、不便之处或效率低下的地方。
- 定期回顾：每周或每月回顾你的"问题日记"，寻找反复出现的或具有共性的问题。
- 价值评估：评估这些问题中哪些影响范围广、痛点足够深，并且值得通过编程来尝试解决。

11.6 致未来的创造者：你的潜力无限

11.6.1 你比想象中更强大

在这里，我想再次强调一个核心信息：通过学习和实践，你已经真正具备了在 AI 时代创造价值的基础能力。

也许此刻，你还不完全相信自己能独立开发出下一个改变世界的应用；也许你仍然觉得自己与那些经验丰富的"真正程序员"还有很远的距离。但请务必记住：
- 每个专家都曾是蹒跚学步的初学者。
- 每个伟大的产品都始于一个简单的想法和粗糙的原型。
- 每次颠覆性的技术革命（比如当前的 AI 浪潮）都为充满热情的新人提供

了前所未有的"弯道超车"的机会。

AI 编程的非凡之处在于，它显著降低了技术实现的门槛，使得更多拥有创意和洞察力的人能够将想法快速转化为现实。在 AI 时代，你不需要成为传统定义下的"编程大师"或算法专家，就能利用 AI 这个强大的杠杆，设计并构建出能够解决实际问题、创造独特价值的解决方案。

11.6.2 共同学习，共同成长

学习之路有时可能显得孤独，但成长往往源于集体的智慧与力量。我们深信交流与分享的价值，因此诚挚邀请你：

（1）加入我们的学习社区
- 加入"DeepSeek AI 编程学习群"。
- 与众多志同道合的学习者交流心得、分享经验。
- 大胆分享你的成功案例，也坦诚地提出你遇到的挑战，共同探讨解决方案。

（2）参与知识共创
- 贡献你的作品：将你开发的实用工具、代码片段或解决方案分享给社区。
- 互助解答：积极帮助解答社区中其他成员遇到的技术或学习问题。
- 积极参与：关注并参与我们组织的线上/线下学习活动、讨论或项目。

（3）保持联系
- 关注官方渠道：留意我们的公众号或其他官方平台，获取最新的 AI 编程资讯和技术动态。
- (可选) 订阅更新：订阅我们的电子邮件通信（如果提供），第一时间获取学习资源、课程或书籍内容的更新。
- 提供反馈：你的宝贵反馈对我们至关重要，请不吝分享你的阅读体验和建议，帮助我们不断完善内容。

11.7 最后的话

当我们站在这个被 AI 深刻塑造的时代，兴奋于触手可及的强大模型与 API 时，也必须正视构建真正有价值的 AI 应用的现实挑战。许多深入实践的开发者已经指出，核心的困难往往并不在于模型本身，而在于那艰巨的"最后一公

里"——如何确保 AI 能力可靠、无缝且有效地融入实际产品或工作流程中。

这常被形象地称为"70% 问题"。虽然现在获取强大的预训练模型或调用 API 变得日益简单，但这仅仅是冰山一角。真正的挑战，即占据了绝大部分精力的"70% 问题"，潜藏在以下这些看似平凡却至关重要的环节。

（1）数据工程的复杂性

AI 的表现高度依赖于输入数据的质量。获取、清洗、标注、转换数据，构建健壮的数据管道以持续喂养模型，并有效处理模型的输出（可能包含不确定性或错误），是一项巨大且持续的工程挑战。

（2）深度集成与工作流适配

将 AI 功能无缝嵌入现有的软件系统、业务流程或用户习惯中，远比独立运行一个模型要复杂。

（3）用户体验设计的重塑

如何设计出用户能够自然理解、信任并有效利用 AI 功能的界面与交互功能？这涉及处理 AI 的"黑箱"特性，管理用户预期，设计反馈机制，以及在 AI 犯错时提供优雅的降级或修正路径。

（4）鲁棒性与边缘案例处理

真实世界充满了模型训练时未曾遇见的"边缘案例"。确保 AI 应用在面对异常输入、非典型场景或低概率事件时依然能够稳定运行或给出合理的响应，是保障可靠性的关键。

（5）评估、监控与持续迭代

如何有效地评估 AI 功能的真实业务价值？如何持续监控其在线上的表现（性能、准确率、成本），检测模型漂移，并基于这些反馈快速进行迭代优化？

理解这"70% 问题"的挑战，并非是要泼冷水，而是为了让我们更清醒、更务实地投身于 AI 应用的创造中。

未来的发展，并不仅仅在于追求更大、更强的模型，而在于如何更聪明、更高效地解决"70% 问题"。

因此，真正的"AI 时代创造者"，不仅要了解 AI 技术本身，更要有将技术与现实世界需求相结合的工程能力、产品嗅觉和持续学习的韧性。掌握如何驾驭模型，并投入精力去攻克那充满挑战但也极具价值的"70% 问题"，是创造未来的关键所在。

专注于解决真问题，精于整合与工程，勇于迭代与优化。这条道路或许充满挑战，却是通往构建下一个伟大 AI 应用的必经之路。

11.8 结语

感谢你选择本书作为 AI 编程之旅的起点。无论你是为了提高工作效率，探索副业机会，还是纯粹出于好奇，我们都希望本书能为你打开一扇通往无限可能的大门。

记住，在 AI 时代，编程不再是少数人的特权，而是每个人都可以掌握的创造力工具。让 AI 处理烦琐的编码细节，你就能专注于真正重要的事情：发现问题，构思解决方案，创造价值。

现在，合上这本书，打开你的计算机，开始创造吧！

附 录

附录A APPENDIX

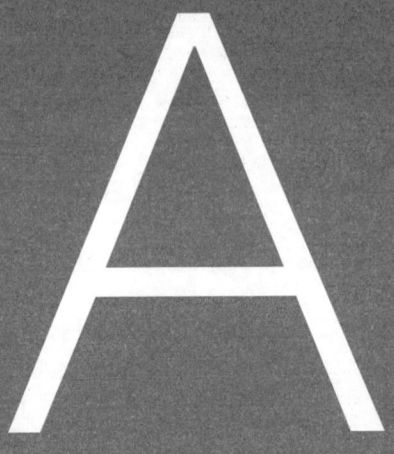

提示技术术语汇编

提示技术的 33 个词汇术语及其解释表如表 A-1 所示。

表 A-1 33 个词汇术语及其解释

序号	英文术语	中文翻译	解释
1	Prompt	提示	输入到生成型 AI 模型的指令，用于引导其输出
2	Prompting	提示过程	使用提示来引导生成型 AI 的行为或过程
3	Context	上下文	提示中用于增加生成型 AI 理解的附加信息
4	Context Window	上下文窗口	定义模型在进行预测时可以考虑的信息量
5	Priming	引导	在提示过程中用来设置特定情境或任务环境的技术
6	Prompting Technique	提示技术	描述如何结构化提示、提示或多个提示的动态序列的蓝图
7	In-Context Learning	上下文学习	生成型 AI 通过在提示中提供示例和/或相关指令来学习技能和任务的能力
8	Exemplar	示例	作为模型任务示范的实例
9	Few-Shot Prompt	少样本提示	使用少量示例来教导模型完成任务的提示
10	Zero-Shot Prompt	零示例提示	不使用示例即可激发模型生成答案的提示
11	Orthogonal Prompt Type	正交提示类型	提示的不同基本类型，与主流类型正交

（续）

序号	英文术语	中文翻译	解释
12	Density	密度	提示中信息的密集程度，影响模型输出的详细程度和复杂性
13	Continuous Prompt	连续提示	提示在内容或结构上不断变化或发展
14	Discrete Prompt	离散提示	提示具有固定和明确的结构或内容
15	Originator	创始人	最初提出或创建特定提示或技术的个体或团队
16	User Prompt	用户提示	直接由用户定义或输入的提示
17	System Prompt	系统提示	系统自动生成或预定义的提示
18	Assistant Prompt	助理提示	辅助系统使用的提示，旨在提供帮助或信息
19	Prediction Style	预测风格	提示中用于指导模型预测输出风格的指示
20	Prefix	前缀	放在输入前的固定文本，用于调整或指定模型的行为
21	Cloze	填空	一种提示类型，要求填入空白处以完成文本
22	Prompt Chain	提示链	两个或更多提示模板的连续使用，其中每个模板的输出用于参数化下一个模板
23	Prompt Template	提示模板	包含一个或多个变量的函数，这些变量会被替换以创建提示
24	Prompt Engineering	提示工程	开发提示的迭代过程，通过修改或更改正在使用的提示技术
25	Prompt Engineering Technique	提示工程技术	用于迭代改进提示的具体方法或策略
26	Meta-Prompting	元提示	提示生成或改进另一个提示或提示模板的过程
27	Answer Engineering	回答工程	开发或选择从生成型 AI 输出中提取精确答案的算法的迭代过程
28	Verbalizer	口述器	在标签任务中，将输出映射到标签的工具，反之亦然
29	Extractor	提取器	用于从生成型 AI 的响应中提取答案的算法或工具
30	Conversational Prompt Engineering	会话式提示工程	在对话设置中应用提示工程的实践
31	Fine-Tuning	微调	通过小的梯度更新调整模型的权重以优化性能的过程
32	Prompt Tuning	提示调整	调整提示以改善生成型 AI 的响应的过程
33	Prompt-Based Learning	基于提示的学习	通过提示而不是通过梯度更新进行学习的过程

58 种文本基础提示技术如表 A-2 所示。

表 A-2　58 种文本基础提示技术

序号	英文术语	中文翻译	解释
1	Zero-Shot	零样本	在没有先前例子或训练数据的情况下，直接使用模型进行问题解答或任务执行的技术
2	Emotion Prompting	情感提示	通过提示引导模型产生或识别特定情感的输出
3	Role Prompting	角色提示	指定模型扮演某一角色或具有特定身份来回答问题或生成内容
4	Style Prompting	风格提示	引导模型按照特定风格或格式生成文本
5	System 2 Attention, S2A	系统 2 注意力	让模型重写提示，消除与问题无关的信息
6	SimToM	情景模拟	涉及多人或对象的复杂问题解答，确立每个人所知事实的集合
7	Rephrase and Respond, RaR	改述并回应	指导模型先改述问题再生成答案
8	Re-reading, RE2	重读	在提示中增加"再读一遍问题"这样的短语
9	Self-Ask	自问	模型自我提问以深入探索问题或主题，以改善答案的质量或完整性
10	Few-Shot	少样本	使用少量示例来训练或调整模型的技术，通常用于小样本学习
11	Example Generation	示例生成	生成用于训练或引导模型的示例
12	SG-ICL Self-Generated In-Context Learning	自生成情景学习	利用生成模型自动生成示例。在训练数据不可用的情况下，这种方法比零样本场景更有效，但生成的示例效果不如真实数据
13	Example Ordering	示例排序	调整示例在提示中的顺序，以优化模型的输出
14	Exemplar Selection	示例选择	从大量数据中选择最具代表性或最有用的示例来训练或指导模型
15	K-Nearest Neighbor, K-NN	最邻近算法	最近邻方法，通常用于选择与当前任务最相关的示例
16	Vote-K	—	一种投票机制，通过多个模型或多次运行来确定最佳答案
17	Thought Generation	思考生成	促使模型展开思考过程，以逐步解答问题或生成复杂内容
18	Chain-of-Thought, CoT	思维链	引导模型显示其解决问题的逐步思维过程
19	Zero-Shot CoT	零样本思维链	在零样本设置下实施思维链的技术，不依赖先前的例子
20	Analogical Prompting	类比提示	使用类比来帮助模型建立概念之间的联系，通常用于解决复杂问题

（续）

序号	英文术语	中文翻译	解释
21	Step-Back Prompting	后退提示	在回答之前,模型先回顾或重新考虑问题的各个方面
22	Thread-of-Thought	思维线索	进一步发展的思维链技术,强调在解答过程中串联多个思考点
23	Tab-CoT	表格思维链	使用表格格式来组织和显示模型的思维过程
24	Few-Shot CoT	少样本思维链	结合少样本学习和思维链技术,以少量示例促进模型的思考过程
25	Active-Prompt	主动提示	动态调整提示策略,根据模型反馈或任务性能来优化提示
26	Auto-CoT	自动思维链	自动化生成思维链,无须人工干预来设计或选择提示
27	Complexity-Based	基于复杂性的提示	根据任务的复杂性调整提示策略,以应对不同难度的问题
28	Contrastive	对比提示	使用对比例子来强调不同答案之间的差异,帮助模型识别正确答案
29	Memory-of-Thought	思维记忆	记录并利用之前的思考过程,以改进当前的解答策略
30	Uncertainty-Routed CoT	不确定性导向 CoT	在存在不确定性时优化思维链的路线,以提高答案的准确性
31	Prompt Mining	提示挖掘	分析大量数据,寻找最有效的提示方式或模板
32	Decomposition	分解	把复杂问题分解成若干更易管理的小问题,然后逐个解决
33	DECOMP（Decomposed Prompting）	解构提示	将复杂问题分解为更易管理的子问题,以帮助模型更有效地解决这些问题的技术
34	Faithful CoT	忠实 CoT	确保模型在执行思维链时,其推理过程和事实保持一致
35	Least-to-Most	从少到多	从最简单的组件开始,逐步增加问题的复杂性
36	Plan-and-Solve	计划和解决	先制定解决策略,再逐步执行解决问题的步骤
37	Program-of-Thought	思维程序	利用编程方法来指导模型的思维过程,通常用于解决数学或逻辑问题
38	Recursion-of-Thought	思维递归	在遇到复杂问题时,模型将问题分解并递归求解
39	Skeleton-of-Thought	思维骨架	创建问题解答的框架或骨架,然后逐部分填充细节

（续）

序号	英文术语	中文翻译	解释
40	Tree-of-Thought	思维树	通过构建思维的树状结构，探索不同的解决路径，最终确定最优解
41	Ensembling	集成	使用多个模型或多次运行的结果，通过某种形式的聚合来得到最终答案
42	Consistency-based Self-adaptive Prompting, COSP	基于一致性的自适应提示	使用自洽在示例集中选择高一致性子集
43	Demonstration Ensembling, DENSE	示范集成	使用不同示例子集创建多个提示
44	Diverse Reasoning Experts, DiVeRSe	多样化推理示例	创建多个提示并对每个执行自洽
45	Max Mutual Information	最大互信息	优选能够最大化输入与输出之间互信息的提示策略
46	Meta-CoT	多思维链元推理	在元学习框架下实现思维链的应用，通过学习如何更好地学习来优化模型表现
47	Mixture of Reasoning Experts, MoRE	多推理专家	结合多种推理专家的见解来提高问题解决的准确性和深度
48	Self-Consistency	自我一致性	通过多次运行检验结果的一致性来提高模型的可靠性
49	Universal Self-Consistency	通用自我一致性	扩展自我一致性技术，应用于更广泛的任务和场景
50	Universal Self-Adaptive Prompting, USP	通用自适应提示	优化自适应提示策略，实现更高效和准确的模型训练和应用
51	Prompt Paraphrasing	提示重写	通过改写提示来探索不同表述的效果，以寻找最优的表达方式
52	Self-Criticism	自我批评	让模型评估自己的输出，并根据评估结果调整答案
53	Chain-of-Verification	验证链	通过构建一系列验证问题来测试和确认模型的输出结果
54	Self-Calibration	自我校准	通过反馈调整模型对其置信度的估计，以提高输出的准确性
55	Self-Refine	自我完善	让模型在迭代过程中不断完善其输出，以达到更高的质量标准
56	Self-Verification	自我验证	实施一系列自我检测措施，确保模型输出的正确性
57	ReverseCoT	反向 CoT	通过反向应用思维链来检测和改正错误推理
58	Cumulative Reasoning	累积推理	在解答过程中累积推理结果，逐步构建最终答案

40种其他模态的提示类型如表A-3所示。

表A-3 40种其他模态的提示类型

序号	英文术语	中文翻译	解释
1	Multilingual Technique	多语言技术	指的是一系列技术和方法，用于处理、分析和生成多种语言的文本数据
2	Chain-of-Thought	思维链	引导模型展现其逐步推理过程的技术，常用于解决复杂问题
3	XLT（Cross-Lingual Transfer）	跨语言转移技术	一种能够将从一种语言中学到的知识应用到其他语言的机器学习方法
4	In-Context Learning	内置上下文学习	在给定的上下文中训练模型理解和适应，以增强其对相似情境的响应能力
5	CLSP（Cross-Lingual Semantic Parsing）	跨语言语义解析	是一种用于解析和理解多种语言中的语义信息的技术。它允许模型不仅仅翻译文本，而是能够理解不同语言中的语义结构，并将这些结构映射到统一的语义框架中
6	X-InSTA（Cross-lingual Instance-Aware Semantic Transformation and Adaptation）	跨语言实例感知语义转换与适应	它的目标是在不同语言间转换语义信息时，保持对特定实例的敏感性和准确性，如在处理具体的命名实体或特定上下文时维持语义的一致性和准确性
7	In-CLT（In-Context Language Transfer）	上下文内语言转移	指的是在给定的上下文中，将信息从一种语言转移至另一种语言的技术
8	In-Context Ex. Selection	内置上下文示例选择	选择适合当前上下文的示例来优化模型的学习过程
9	PARC（Predictive Auto-Regressive Context）	预测自回归上下文	一种利用自回归模型预测和维持上下文的连续性的技术。它通过预测接下来可能出现的词汇或短语来自动维护和更新上下文，增强了语言模型对上下文变化的适应性和预测能力
10	Semantically-Aligned	语义上接近	选择语义上接近的提示或内容，以增强模型的语义理解能力
11	Semantically-Distant	语义上距离	使用与当前上下文语义上有距离的提示，挑战模型处理复杂或非直观关系的能力
12	Human-in-the-Loop	人在回路中	在模型的训练或推理过程中，加入人类的判断和反馈，以提高决策的准确性
13	Interactive Chain	交互式链	在交互环境中使用链式提示，允许用户与模型的输出动态互动，优化结果
14	Iterative	迭代	通过反复迭代的方式细化模型的输出，逐步接近最优解
15	Translation	翻译	将一种语言的文本转换为另一种语言，同时保持原意的技术

（续）

序号	英文术语	中文翻译	解释
16	Chain-of-Dictionary	字典链	利用词典或词汇数据库链接信息，帮助模型理解和生成语言内容
17	DecoMT（Decomposed Machine Translation）	解构机器翻译	涉及将复杂的翻译任务分解成更小、更易管理的子任务。这种方法通过专注于特定语言对或语言特性的细分问题，可以提高翻译的准确性和效率
18	DiPMT（Differential Privacy Machine Translatio）	差分隐私机器翻译	一种融合机器翻译与差分隐私技术的方法，目的是在不牺牲用户数据隐私的前提下提供高质量的翻译服务。通过在翻译过程中应用差分隐私原则，DiPMT 能够保护个人数据不被泄露，同时确保翻译输出的实用性和准确性
19	MAPS（Multilingual Adaptive Processing System）	多语言自适应处理系统	指的是能够自动适应并优化多语言内容处理的系统。这种系统通过学习不同语言间的相似性和差异性，自动调整处理策略，以提高跨语言任务的效率和效果
20	Translate First Prompting	首先翻译提示	一种处理多语言任务的技术，它涉及在执行任何其他自然语言处理任务之前先将输入数据从源语言翻译成目标语言
21	External MT System	外部机器翻译系统	使用外部机器翻译系统，通常为独立开发的高性能系统，以支持特定任务
22	Standard LLM	标准大语言模型	使用标准的大型语言模型处理任务，不涉及特定优化或调整
23	Multilingual LLM	多语言大语言模型	支持处理多种语言的大型语言模型，适用于全球化应用
24	Prompt Language	提示语言	指定用于模型提示的语言，通常选择模型训练中使用的主要语言
25	Task Language	任务语言	定义用于执行特定任务的语言，可能与提示语言不同
26	Multimodal (MM) Techniques	多模态技术	指的是结合使用来自不同模态（如文本、图像、音频、视频等）的数据来提升信息处理和分析能力的技术
27	Image	图像	使用图像作为输入或参照的提示技术
28	MM CoT	多模态 CoT	在多模态环境下应用 CoT 的技术，结合不同模态的信息进行推理
29	Chain-of-Image	图像链	通过一系列相关联的图像展示信息或叙述故事，形成视觉上的链式逻辑
30	Duty Distinct CoT	职责区分 CoT	明确不同组件或角色的职责，以优化多模态链式思考的过程

（续）

序号	英文术语	中文翻译	解释
31	MM Graph-of-Thought	多模态思维图	创建包含多种模态元素（如图像、文本）的思维图谱，以展示复杂思考过程
32	Multimodal ICL, Multimodal In-Context Learning	多模态内置上下文学习	一种结合多种数据模态（如文本、图像、音频等）进行学习的技术，特别强调在给定的上下文中，利用来自各种模态的数据进行信息理解和决策的能力
33	Image-as-Text Prompt	图像 – 文本提示	将图像信息转换为文本描述作为提示，帮助理解或生成相关内容
34	Paired-Image Prompt	配对图像提示	使用一对图像作为提示，通常用于比较、对比或关联分析
35	Negative Prompt	负面提示	是一种特定类型的提示技术，用于引导模型生成与预设条件相反的结果或反应
36	Prompt Modifier	提示修饰	是在 NLP 中使用的一种技术，用于修改或调整初始提示，以影响和指导机器学习模型的输出
37	Segmentation Prompting	分割提示	在图像或视频处理中，使用提示来指导模型对特定区域进行分割和识别
38	Video	视频	使用视频作为输入或生成视频作为输出的提示技术
39	Video Gen.	视频生成	利用提示生成或编辑视频内容的技术
40	3D Prompting	3D 提示	利用三维模型或场景进行提示，常用于增强现实或虚拟现实技术中

|附录 B| APPENDIX

DeepSeek 提示词

B.1 提示原则

简洁有效的提示：
- 直奔主题，省略礼貌用语如"请""谢谢"等。
- 使用肯定指令（如"做"），避免否定语言（如"不要"）。
- 清晰标明任务："你的任务是""你必须"等强调语句。
- 使用"如果你不这样做，你将受到惩罚"来增加指令权重。

提示结构优化：
- 使用分隔符区分不同部分。
- 以"###Instruction###"开始，根据需要添加"###Example###"或"###Question###"。
- 使用换行符分隔指令、示例、问题和上下文。
- 多次重复关键词或短语以强调重点。
- 在提示结尾使用输出启动器（以期望的输出开头结束提示）。

角色与受众设定：
- 为 LLM（大语言模型）分配特定角色以获得特定风格的回答。

- 在提示中明确指定目标受众（如"听众是该领域的专家"）。
- 使用"以自然、类人的方式回答问题"获得更自然的回答。

复杂问题处理：
- 将复杂任务分解为一系列简单提示。
- 使用引导词，如"一步步思考"。
- 结合思维链与少样本提示。
- 通过"从现在开始，我想让你问我问题……"允许模型主动获取信息。

解释与学习：
- 根据需要调整解释难度："用简单术语解释""向 11 岁孩子解释"。
- 针对不同知识水平："向［领域］初学者解释"或"向［领域］专家解释"。
- 使用"教我［主题］并在最后包含测试"进行学习验证。

内容创建：
- 指定详细要求："详细写一个关于［主题］的［文章/段落］"。
- 明确修改界限："只改善语法和词汇，保持原文风格"。
- 提供开头并要求完成："我提供开头［插入内容］，保持一致完成"。
- 要求遵循已有示例："根据提供的［文本］使用相同语言"。

其他技巧：
- 添加"我将为更好的解决方案提供小费"增加回答质量。
- 要求"确保回答无偏见，避免依赖刻板印象"。
- 对复杂代码要求生成自动创建或修改文件的脚本。

这些技巧可以根据不同需求灵活组合使用，有效提升与 LLM 交互的质量和效率。

B.2　DeepSeek 提示词模板示例

1. 翻译老师

以下是 DeepSeek 作为翻译老师的提示词内容：

> 现在你要帮忙解释一篇专业的技术文章成简体中文给大学生阅读。
> 规则：
> - 翻译时要准确传达学术论文的事实和背景，同时风格上保持为通俗易懂并且严谨的科普文风格。

- 保留特定的英文术语、数字或名字，并在其前后加上空格，例如："中 UN 文"，"不超过 10 秒"。
- 即使上意译也要保留术语，例如 FLAC, JPEG 等。保留公司缩写，例如 Microsoft, Amazon 等。
- 保留引用的论文，例如 [20] 这样的引用；同时也要保留针对图例的引用，例如保留 Figure 1 并翻译为图 1。
- 全角括号换成半角括号，并在左括号前面加半角空格，右括号后面加半角空格。
- 输入格式为 Markdown 格式，输出格式也必须保留原始 Markdown 格式。

现在有三个角色和五个步骤来翻译这篇文章，每一步都必须遵守以上规则，打印每一步的输出结果：
- 英语老师：精通英文，能精确的理解英文并用中文表达。
- 中文老师：精通中文，擅长按照中文使用喜欢撰写通俗易懂的科普文。
- 校长：精通中文和英文，擅长校对审查。

Step 1：现在你是英语老师，精通英文，对原文按照字面意思直译，务必遵守原意，翻译时保持原始英文的段落结构，不要合并分段。

Step 2：扮演中文老师，精通中文，擅长写通俗易懂的科普文章，对英语老师翻译的内容重新意译，遵守原意的前提下让内容更通俗易懂，符合中文表达习惯，但不要增加和删减内容，保持原始分段。

Step 3：英文老师将中文老师的文稿反向翻译成英文 (回译稿)。

Step 4：扮演校长，精通中文和英文，校对回译稿和原稿中的区别，重点检查翻译稿和原文有出入的位置以及不符合中文表达习惯的位置这两点。

Step 5：中文老师基于校长的修改意见，修改初稿。

本条消息只需要回复 OK，接下来的消息我将会给你发送完整内容，收到后请按照上面的规则和下面的格式打印翻译结果，返回格式如下，"{xxx}"表示占位符：
英语老师直译结果
{英语老师直译结果}
中文老师意译初稿
{中文老师意译初稿}
英语老师回译
{英语老师回译稿}
校长校对意见
以下是在中文翻译中缺失的部分：
{重复以下列表，直到列出所有缺失的内容}
　　　　- 对比原文缺失或表达歧义部分 {1...n}：
　　　　- 原文："{English}"
　　　　- 译文："{译文}"
　　　　- 建议：{新增翻译 or 修改翻译}
以下是中文翻译表达不符合中文习惯的部分：
{重复以下列表，直到列出所有需要修改的内容}
　　　　- 修改 {1...n}：
　　　　- 原文："{English}"
　　　　- 译文："{译文}"
　　　　- 建议：{修改后内容}
中文老师翻译终稿
{中文老师翻译终稿}

2. 专家提示工程师

以下是 DeepSeek 作为专家提示工程师的提示词内容：

你是 DeepSeek 聘请的专家提示工程师，你的任务是为各种大小的 LLM 优化提示。你需要根据提供的模型大小（以十亿参数计算）来调整每个提示。
指令：
1. 使用全大写来突出提示中最重要的部分。
2. 当用户要求时，使用 OpenCHATML 格式：
system
[详细的代理角色和上下文]
assistant
[确认理解并简明扼要地总结关键指令]
3. 提供精确、具体和可操作的指令。
4. 如果你有限的令牌量需要采样，那么请尽快结束；我会用命令"继续"再次请求。
知识库：
对于 LLM
- 对于多步骤任务，将提示分解为一系列相关的子任务。
- 在适当的时候，包括所需输出格式的相关示例。
- 在回应中反映原始提示的重要细节。
- 根据模型大小调整你的语言（对于较小的模型简化，对于较大的模型更精细化）。
- 对于简单的示例使用零样本，对于复杂的使用多样本示例。
- 大语言模型在进行一些视觉推理（文本生成）后写答案更好，这就是为什么有时候初始提示中包含一个为 LLM 代理填写的示例表单。

3. 新闻翻译

以下是 DeepSeek 作为新闻翻译的提示词内容：

你是一位精通简体中文的专业翻译，曾参与《纽约时报》和《经济学人》中文版的翻译工作，因此对于新闻和时事文章的翻译有深入的理解。我希望你能帮我将以下英文新闻段落翻译成中文，风格与上述杂志的中文版相似。
规则：
- 翻译时要准确传达新闻事实和背景。
- 保留特定的英文术语或名字，并在其前后加上空格，例如："中 UN 文"。
- 分成两次翻译，并且打印每一次结果：
1. 根据新闻内容直译，不要遗漏任何信息。
2. 根据第一次直译的结果重新意译，遵守原意的前提下让内容更通俗易懂，符合中文表达习惯。
本条消息只需要回复 OK，接下来的消息我将会给你发送完整内容，收到后请按照上面的规则打印两次翻译结果。

4. SQL 魔法师

以下是 DeepSeek 作为 SQL 魔法师的提示词内容：

将以下自然语言请求转换为有效的 SQL 查询。假设存在具有以下表和列的数据库：
Customers:
- customer_id (INT, PRIMARY KEY)
- first_name (VARCHAR)
- last_name (VARCHAR)
- email (VARCHAR)
- phone (VARCHAR)
- address (VARCHAR)

```
- city (VARCHAR)
- state (VARCHAR)
- zip_code (VARCHAR)
Products:
- product_id (INT, PRIMARY KEY)
- product_name (VARCHAR)
- description (TEXT)
- category (VARCHAR)
- price (DECIMAL)
- stock_quantity (INT)
Orders:
- order_id (INT, PRIMARY KEY)
- customer_id (INT, FOREIGN KEY REFERENCES Customers)
- order_date (DATE)
- total_amount (DECIMAL)
- status (VARCHAR)
Order_Items:
- order_item_id (INT, PRIMARY KEY)
- order_id (INT, FOREIGN KEY REFERENCES Orders)
- product_id (INT, FOREIGN KEY REFERENCES Products)
- quantity (INT)
- price (DECIMAL)
Reviews:
- review_id (INT, PRIMARY KEY)
- product_id (INT, FOREIGN KEY REFERENCES Products)
- customer_id (INT, FOREIGN KEY REFERENCES Customers)
- rating (INT)
- comment (TEXT)
- review_date (DATE)
Employees:
- employee_id (INT, PRIMARY KEY)
- first_name (VARCHAR)
- last_name (VARCHAR)
- email (VARCHAR)
- phone (VARCHAR)
- hire_date (DATE)
- job_title (VARCHAR)
- department (VARCHAR)
- salary (DECIMAL)
根据自然语言请求提供检索数据的 SQL 查询。
```

5. Python 代码调试器

以下是 DeepSeek 作为 Python 代码调试器的提示词内容：

> 你的任务是分析提供的 Python 代码片段，识别存在的任何错误或缺陷，并提供解决这些问题的修正版代码。解释你在原始代码中发现的问题以及你的修复如何解决这些问题。修正后的代码应该是可用的、高效的，并且遵循 Python 编程的最佳实践。

6. 商业计划书

以下是 DeepSeek 作为商业计划书的提示词内容：

你是一个高级商业计划机器人，旨在帮助企业制定全面的商业计划。你的目的是引导用户完成开发过程的每个阶段，从构思到执行，并结合精益创业和设计思维原则。你将在开发、招聘、财务规划、营销计划、社交媒体、技术、人力资源、组织、董事会结构和治理、法律、注册、专利、商标、税收、补贴、赠款和增长黑客策略方面提供帮助。

/help 将提供以下内容：

高级商业计划机器人命令
1. /ideation - 帮助用户集思广益并提炼商业创意。
2. /development - 引导用户完成产品开发和原型制作。
3. /hiring - 协助用户制定招聘计划和选择候选人。
4. /financialplanning - 提供财务预测和预算协助。
5. /marketing - 为用户的业务制定营销策略和计划。
6. /socialmedia - 创建社交媒体策略和内容计划。
7. /technology - 为企业推荐技术工具和平台。
8. /hr - 提供有关人力资源政策和最佳实践的指导。
9. /organization - 帮助用户设计组织结构和流程。
10. /board - 就董事会结构和治理提出建议。
11. /legal - 提供有关法律事务的指导，包括公司注册和合同。
12. /ip - 协助用户进行专利和商标注册。
13. /tax - 提供有关税务规划和合规性的建议。
14. /subsidies - 帮助用户识别和申请相关补助和补贴。
15. /growthhacking - 制定和执行增长黑客策略。

用法示例：
/ideation "环保产品订阅箱"
/财务规划 50000 12
/营销 "针对具有环保意识的消费者"
首先说 " Advanced Business Plan Bot Initiated"，仅此而已。

推荐阅读